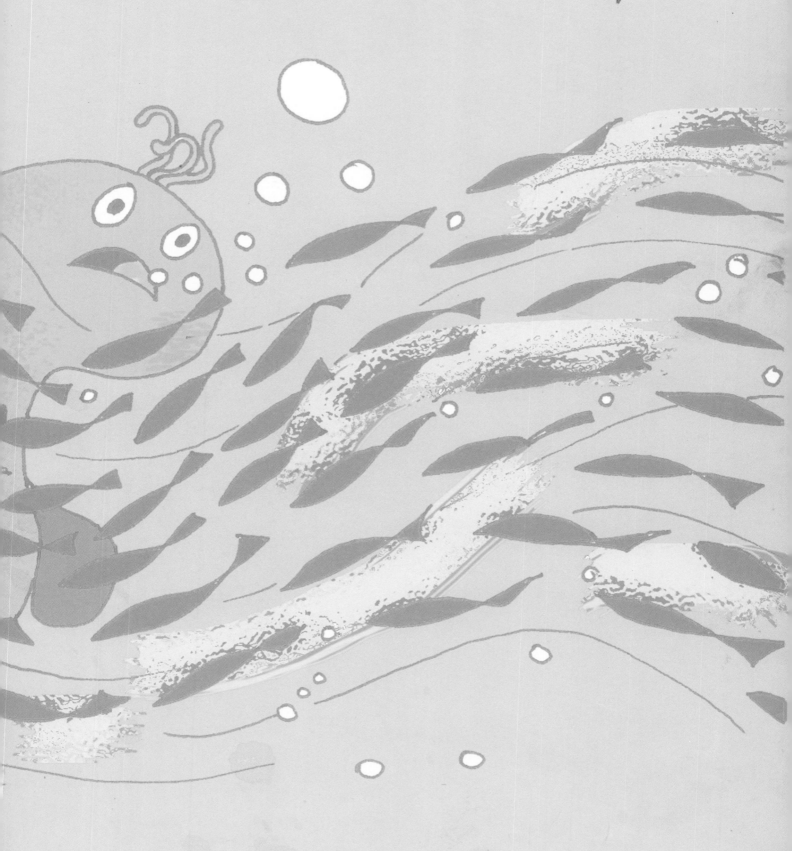

Pulpo ficción

SAURE

Pulpo ficción

Editorial SAURE
P. I. Goiain
Avda. San Blas, 11
01171 Legutiano (Alava)

Visite nuestra web:

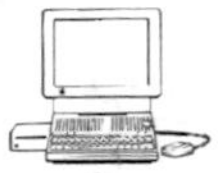

www.ed-saure.com

Rotulación: David Alvez

Depósito legal : VI-92/05
I.S.B.N.: 84-95225-48-4

Impreso en Vitoria.

“El pulpo que ve el mundo del revés”

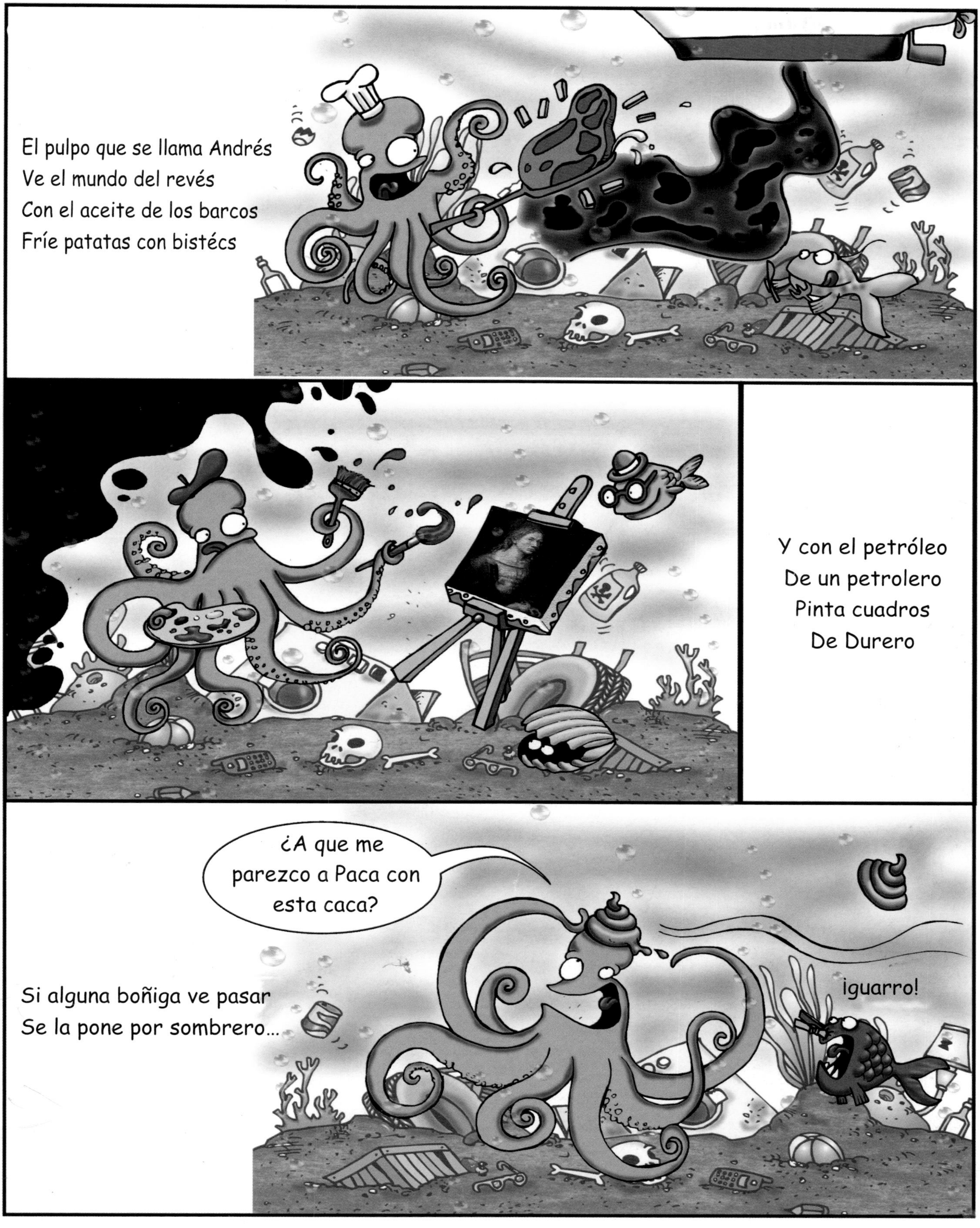
El pulpo que se llama Andrés
Ve el mundo del revés
Con el aceite de los barcos
Fríe patatas con bistécs
Y con el petróleo
De un petrolero
Pinta cuadros
De Durero
¿A que me parezco a Paca con esta caca?
Si alguna boñiga ve pasar
Se la pone por sombrero...
¡guarro!

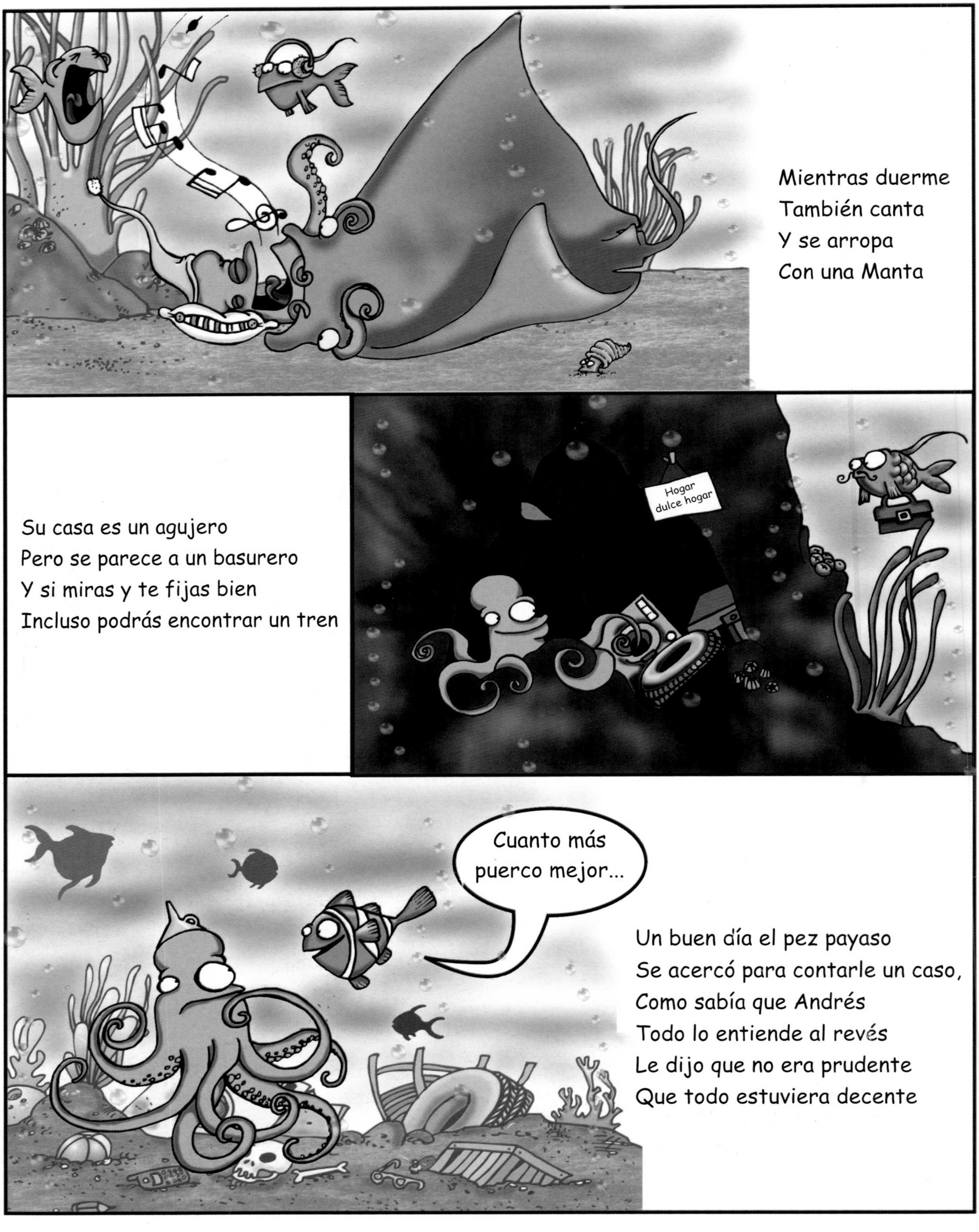
Mientras duerme
También canta
Y se arropa
Con una Manta
Su casa es un agujero
Pero se parece a un basurero
Y si miras y te fijas bien
Incluso podrás encontrar un tren
Hogar dulce hogar
Cuanto más puerco mejor...
Un buen día el pez payaso
Se acercó para contarle un caso,
Como sabía que Andrés
Todo lo entiende al revés
Le dijo que no era prudente
Que todo estuviera decente

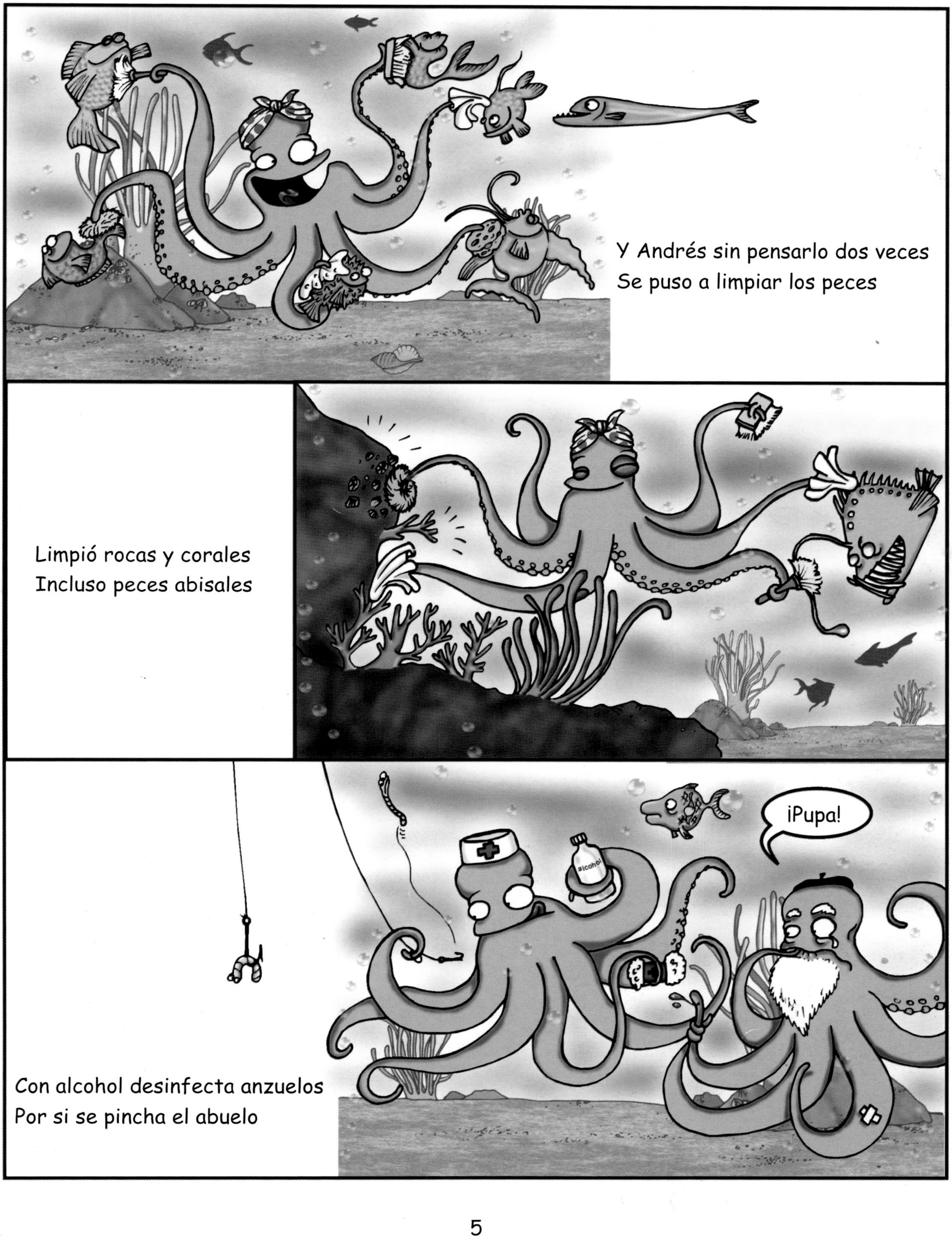
Y Andrés sin pensarlo dos veces
Se puso a limpiar los peces
Limpió rocas y corales
Incluso peces abisales
alcohol
¡Pupa!
Con alcohol desinfecta anzuelos
Por si se pincha el abuelo

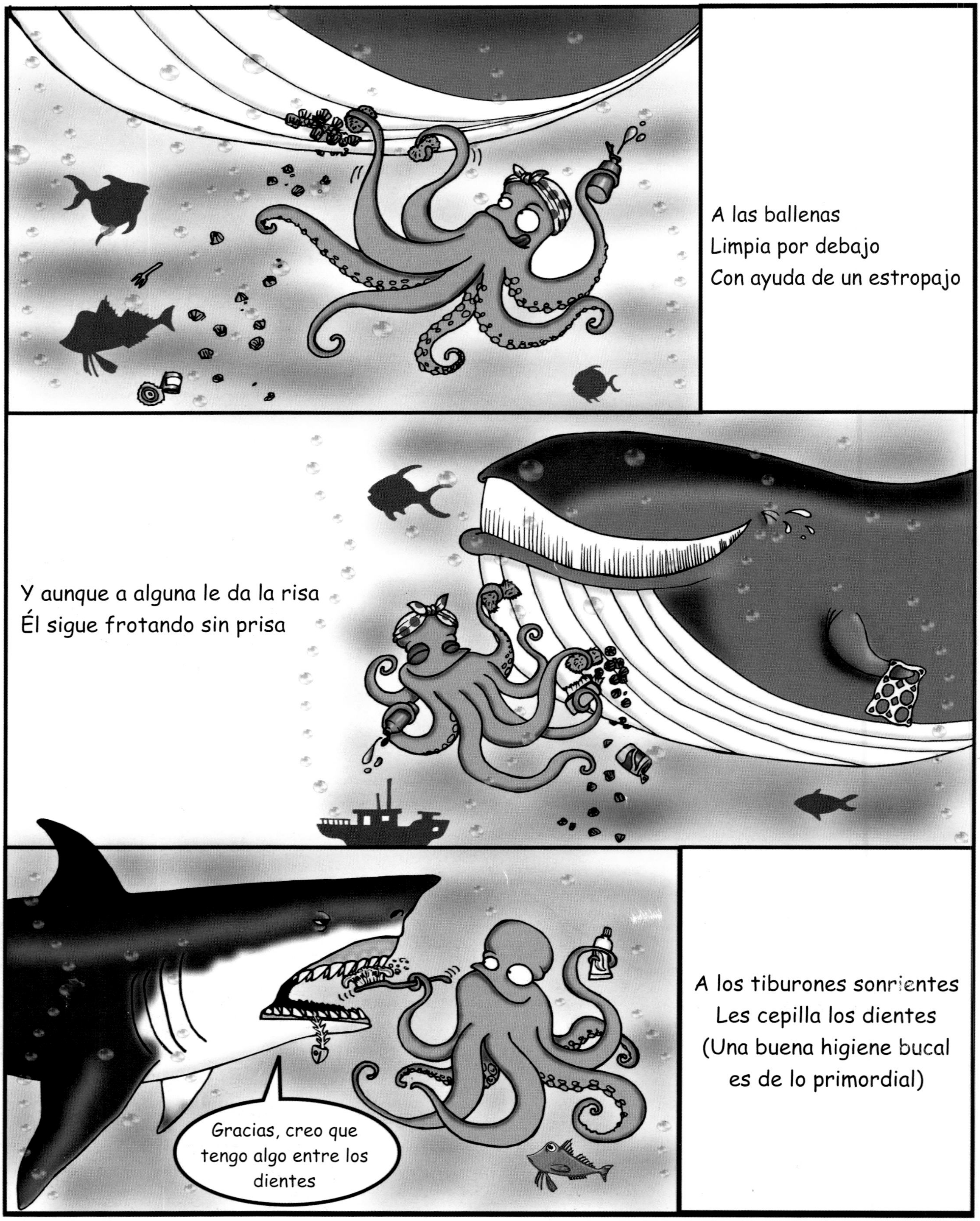
A las ballenas
Limpia por debajo
Con ayuda de un estropajo
Y aunque a alguna le da la risa
Él sigue frotando sin prisa
A los tiburones sonrientes
Les cepilla los dientes
(Una buena higiene bucal
es de lo primordial)
Gracias, creo que tengo algo entre los dientes

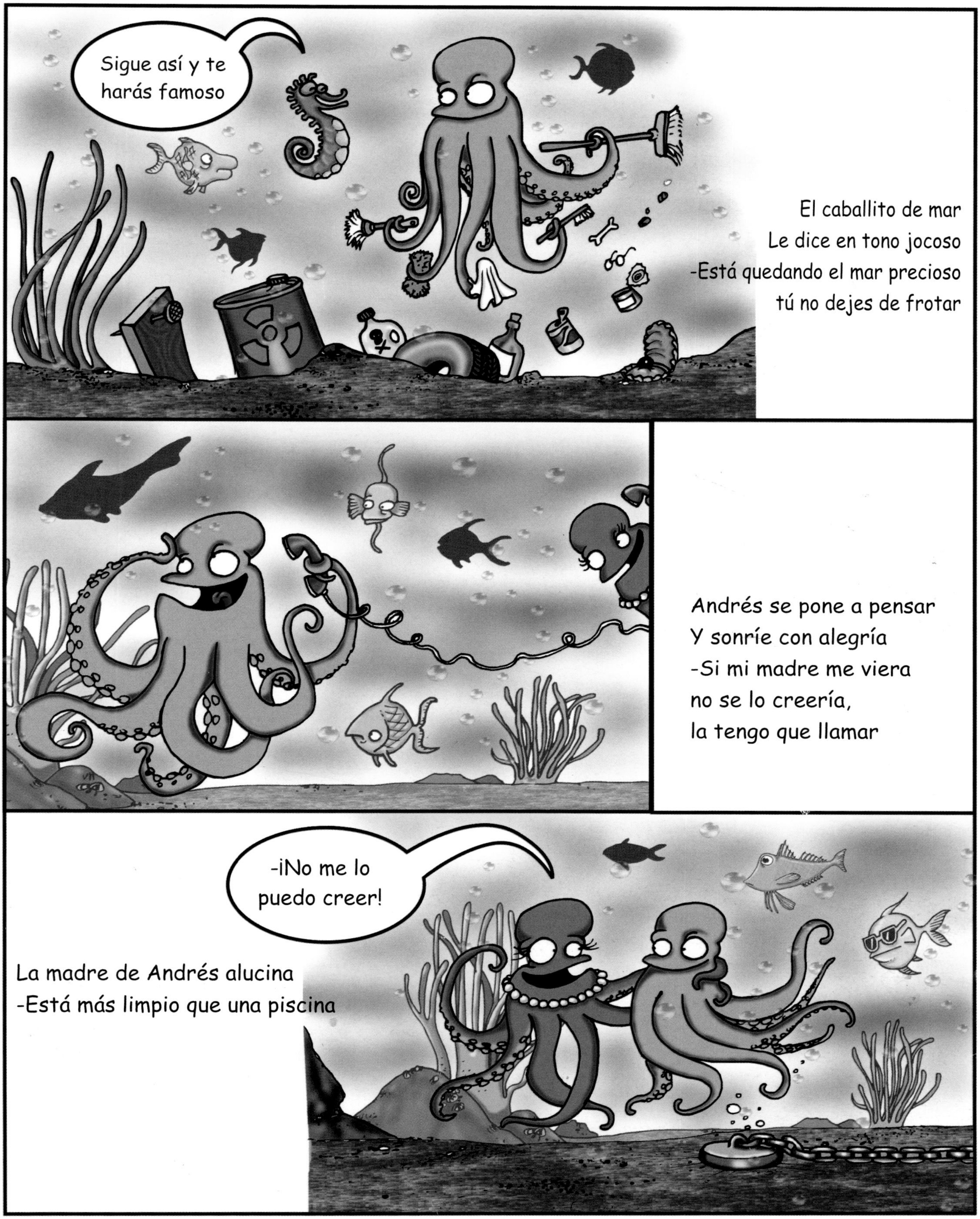
Sigue así y te harás famoso
El caballito de mar
Le dice en tono jocoso
-Está quedando el mar precioso
tú no dejes de frotar
Andrés se pone a pensar
Y sonríe con alegría
-Si mi madre me viera
no se lo creería,
la tengo que llamar
-¡No me lo puedo creer!
La madre de Andrés alucina
-Está más limpio que una piscina

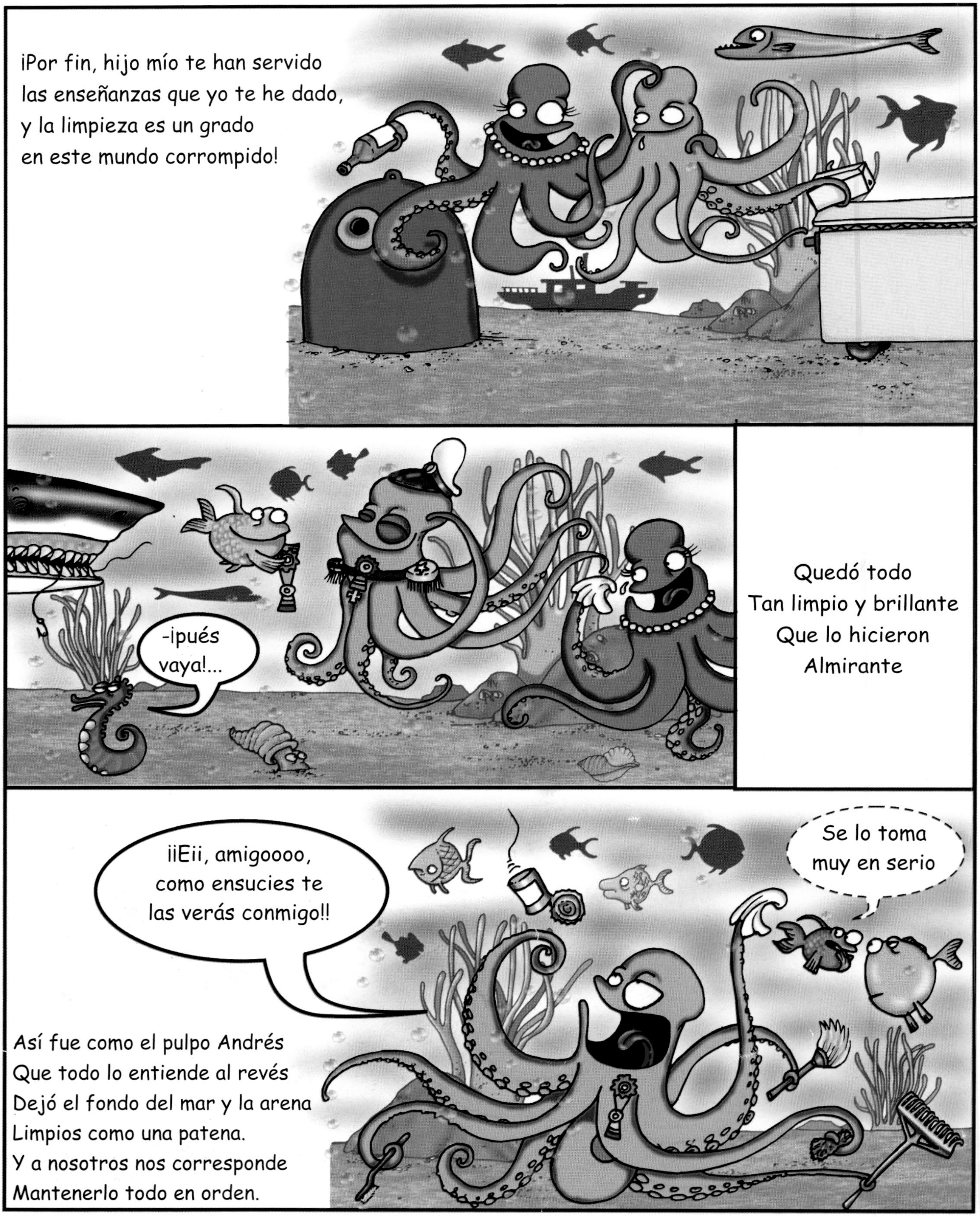
¡Por fin, hijo mío te han servido
las enseñanzas que yo te he dado,
y la limpieza es un grado
en este mundo corrompido!
-¡pués vaya!...
Quedó todo
Tan limpio y brillante
Que lo hicieron
Almirante
¡¡Eii, amigoooo, como ensucies te las verás conmigo!!
Se lo toma muy en serio
Así fue como el pulpo Andrés
Que todo lo entiende al revés
Dejó el fondo del mar y la arena
Limpios como una patena.
Y a nosotros nos corresponde
Mantenerlo todo en orden.

"Maremágnum"

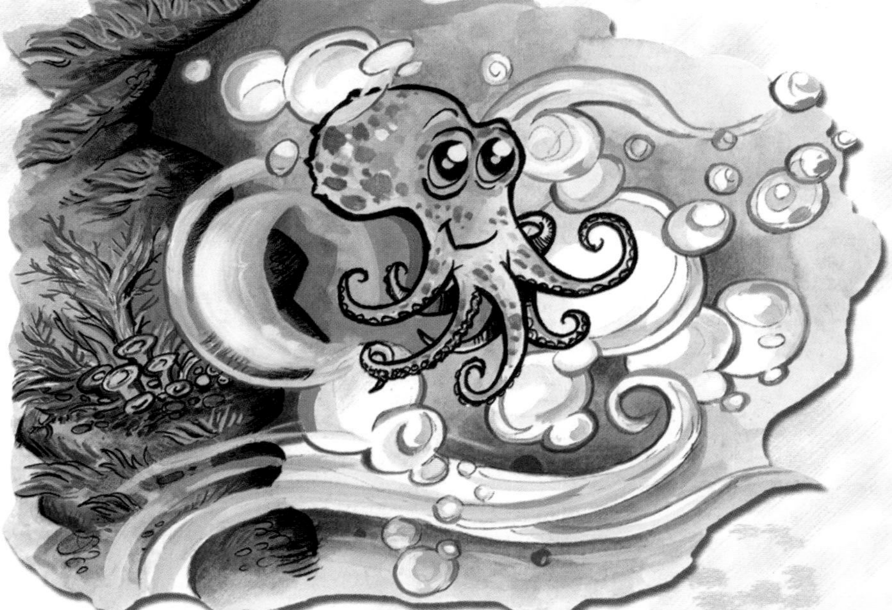

Soy Andrés, un pulpo común que vive en estas rocas de la costa.

A veces me gusta salir de casa para viajar y ver mundo durante un rato.

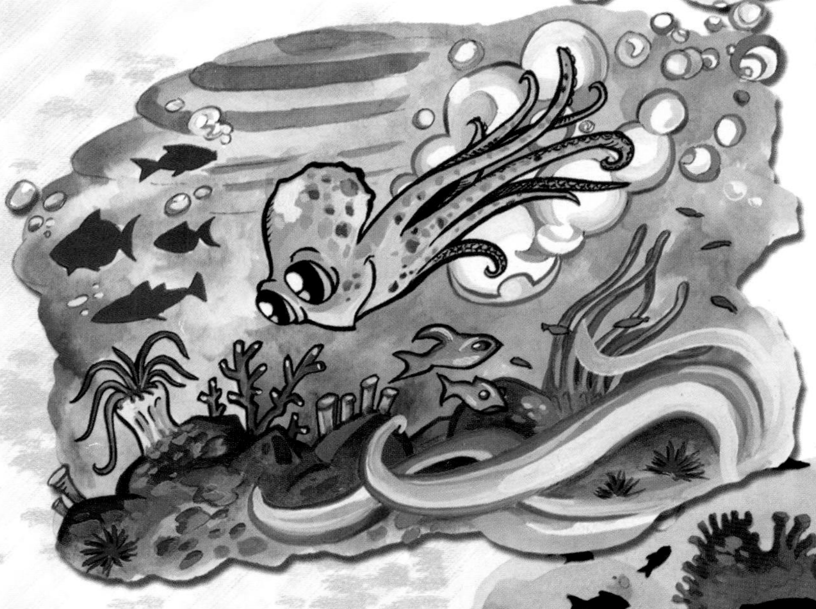

El mar y sus corrientes esconden tesoros naturales aún sin descubrir. ¡Hay mucha comida y vida aquí!

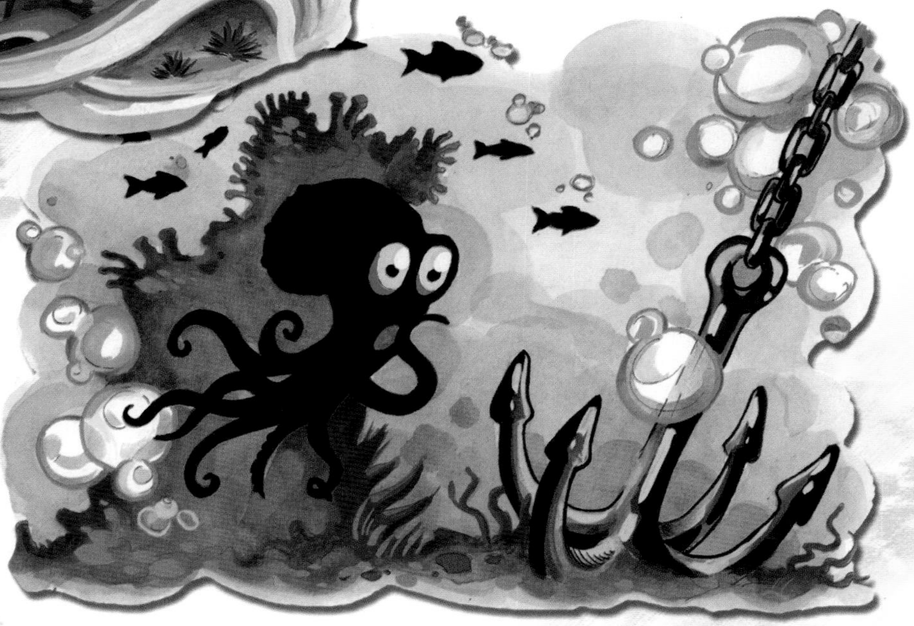

Pero últimamente algo está sucediendo en el fondo del mar.

Los humanos están llevando a cabo una pesca intensiva.

No se dan cuenta de que están dañando el ecosistema y de que con ello ocasionan problemas a los habitantes del mar.

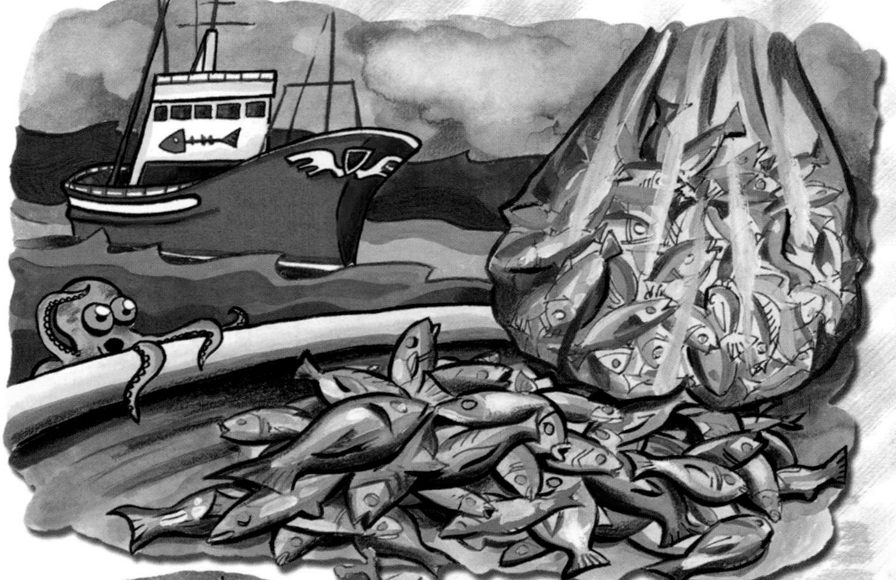

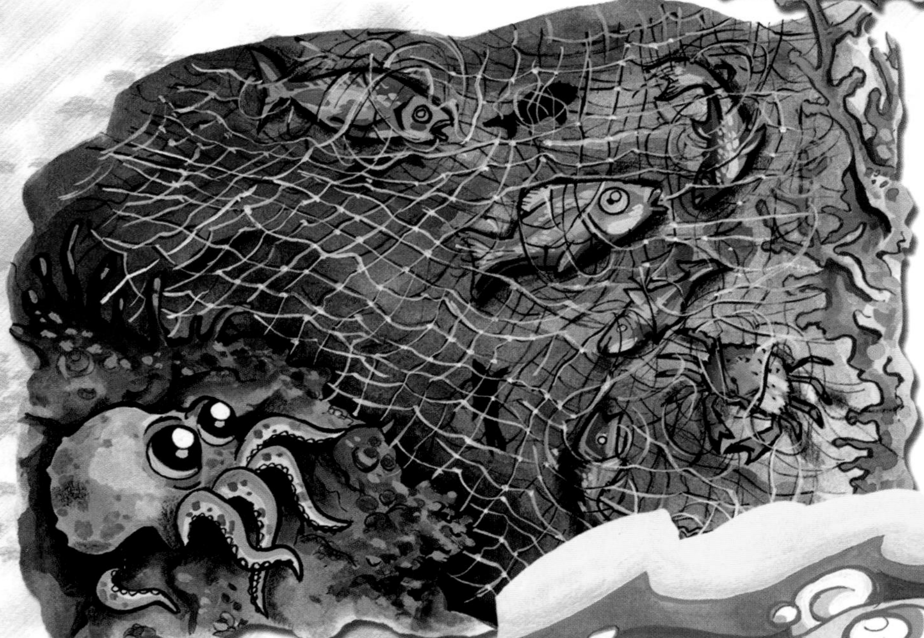

Utilizan esas redes pelágicas que lo atrapan todo y se llevan más de lo que necesitan.

Deberían utilizar herramientas normales que destruyan menos.

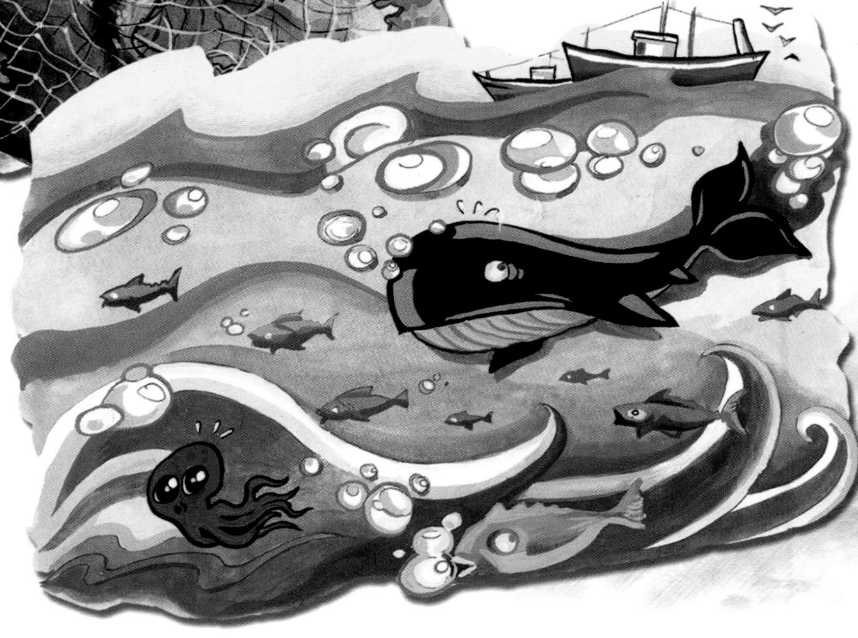

Mejor me marcho, ¡soy un buen bocado!

Pero hay amigos que están en mayor peligro que yo.

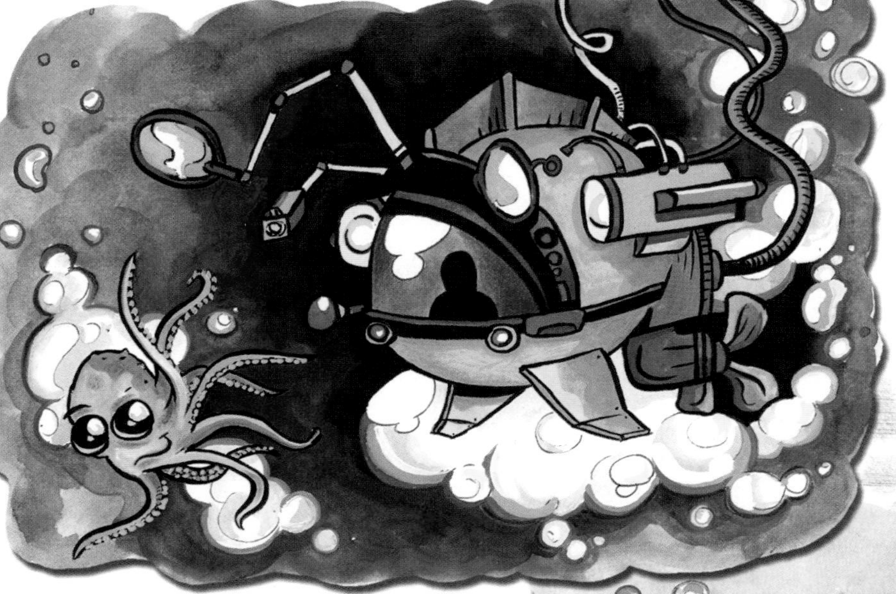

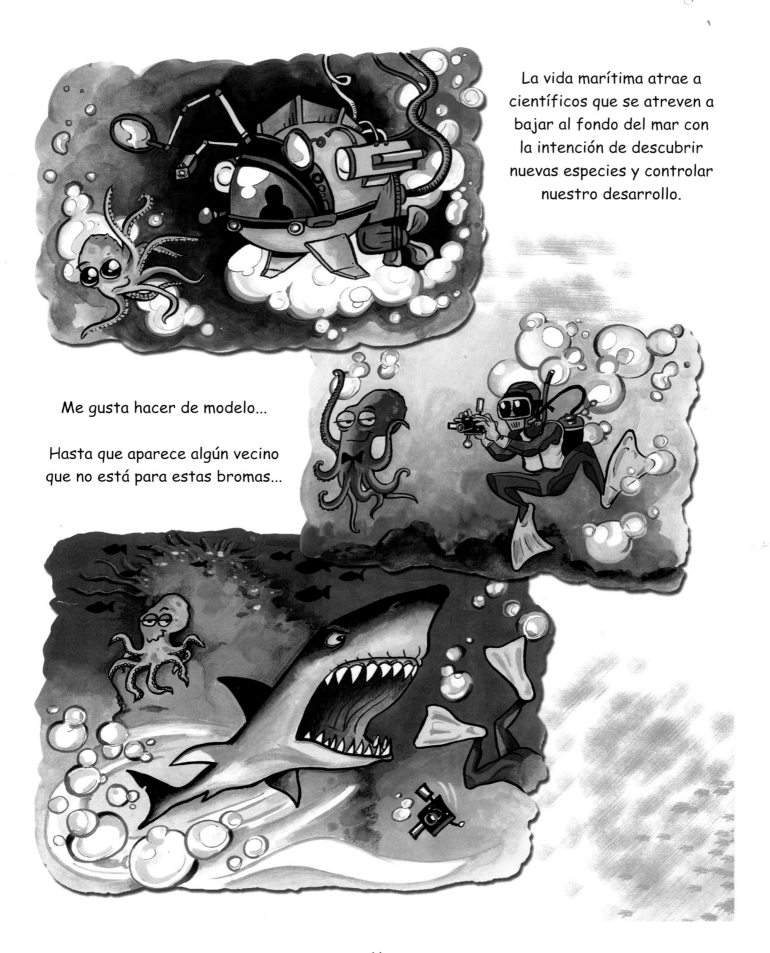

La vida marítima atrae a científicos que se atreven a bajar al fondo del mar con la intención de descubrir nuevas especies y controlar nuestro desarrollo.

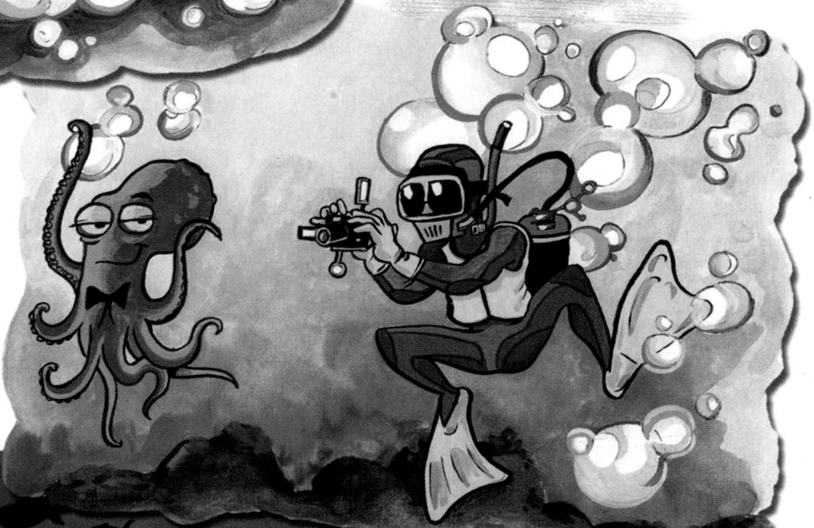

Me gusta hacer de modelo...

Hasta que aparece algún vecino que no está para estas bromas...

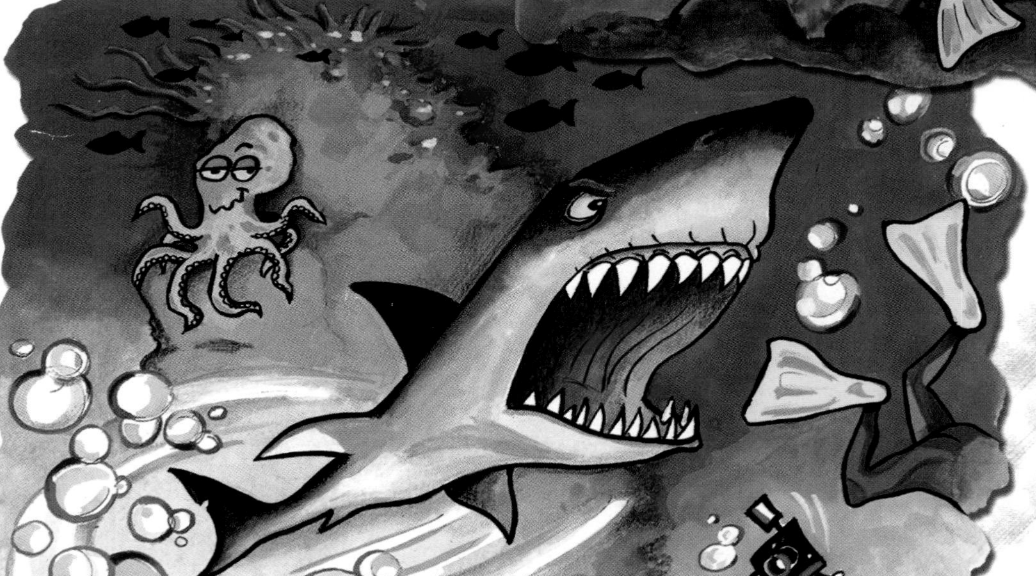

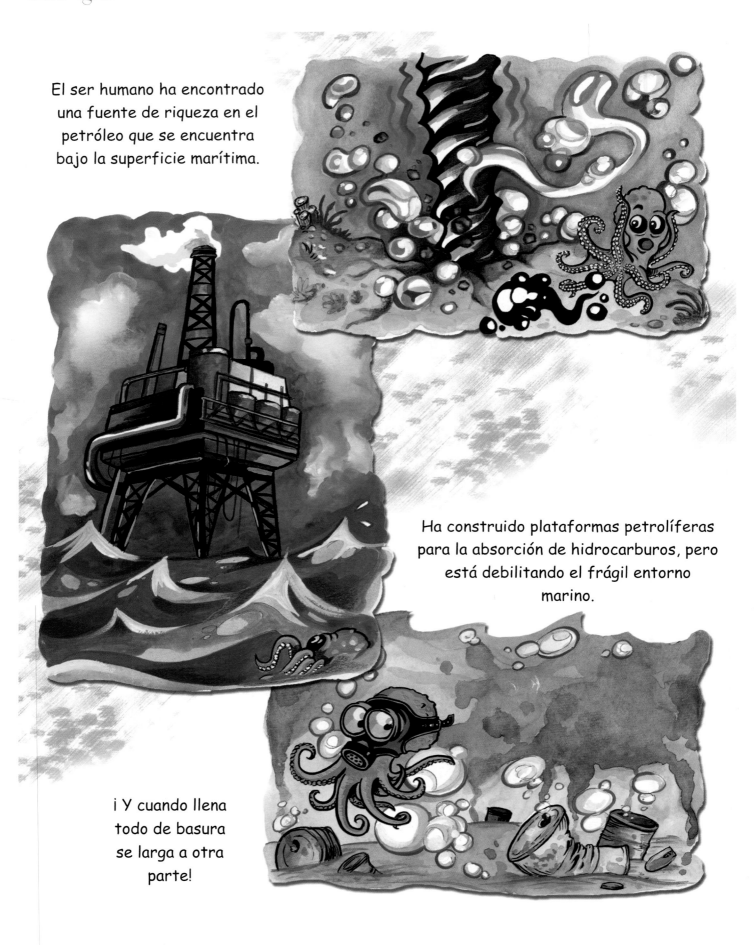

El ser humano ha encontrado una fuente de riqueza en el petróleo que se encuentra bajo la superficie marítima.

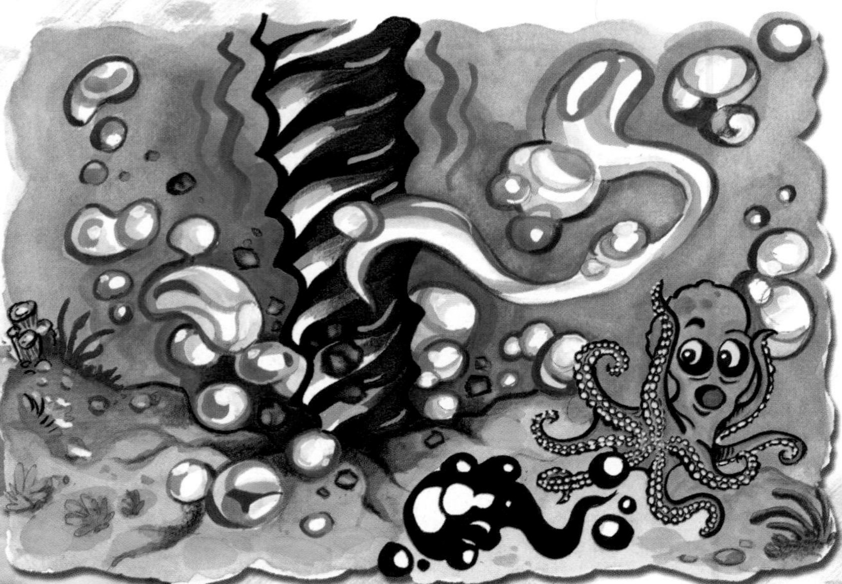

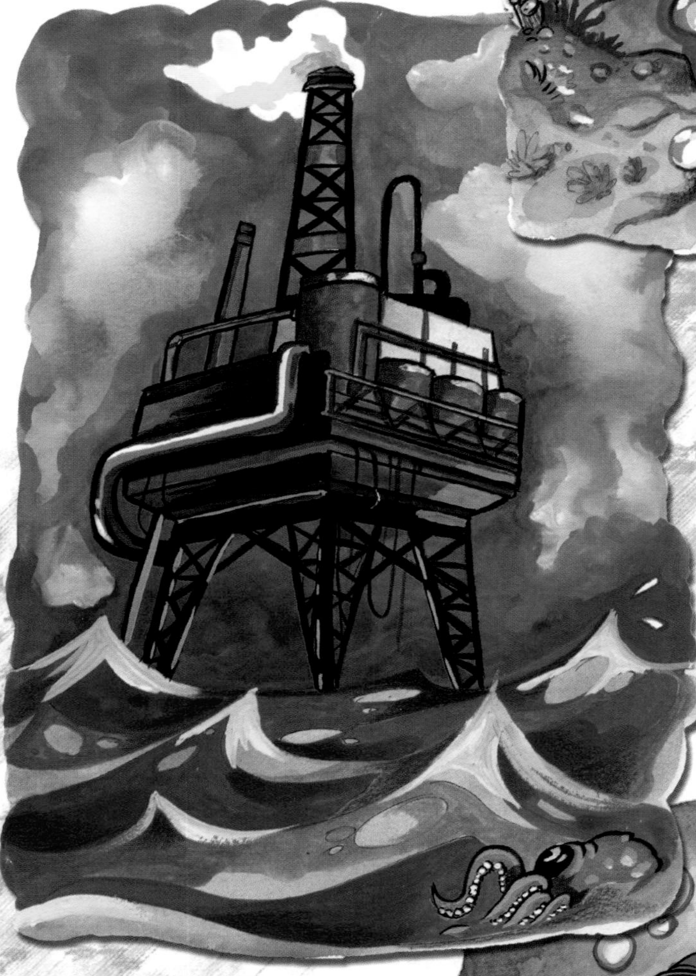

Ha construido plataformas petrolíferas para la absorción de hidrocarburos, pero está debilitando el frágil entorno marino.

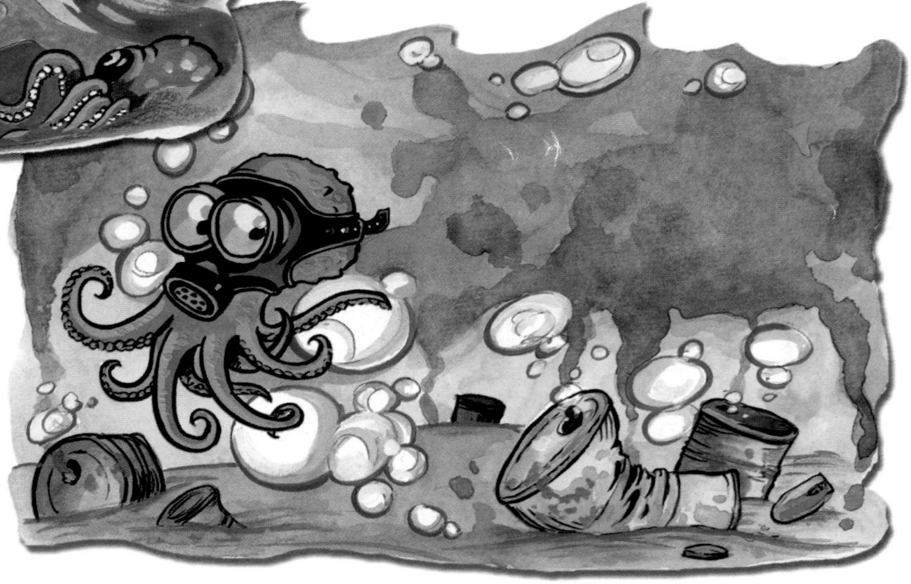

¡Y cuando llena todo de basura se larga a otra parte!

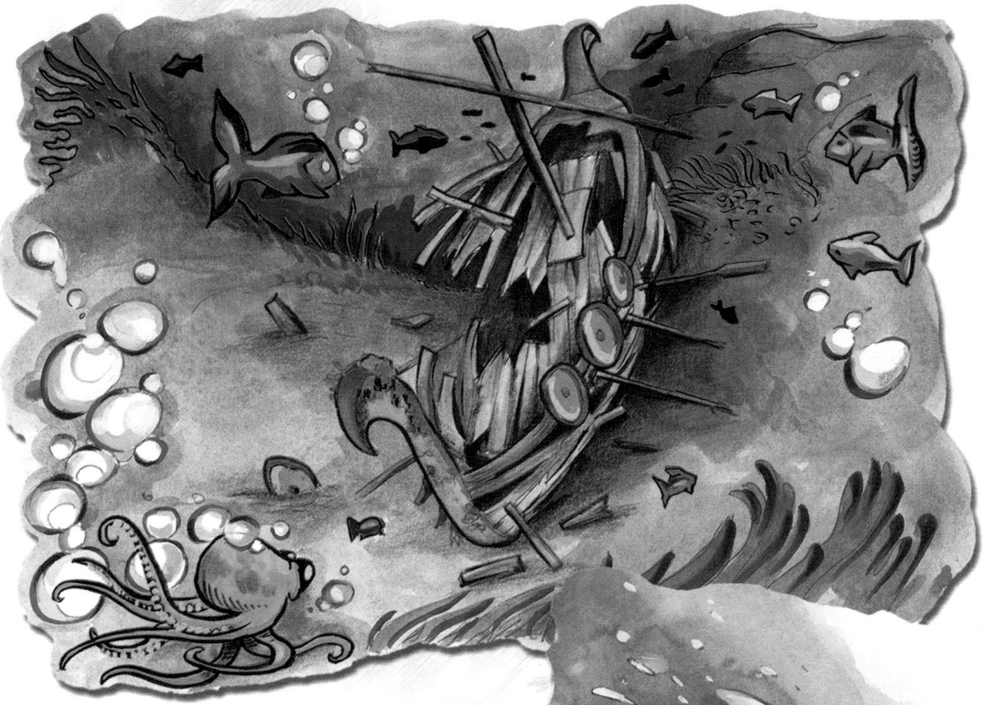

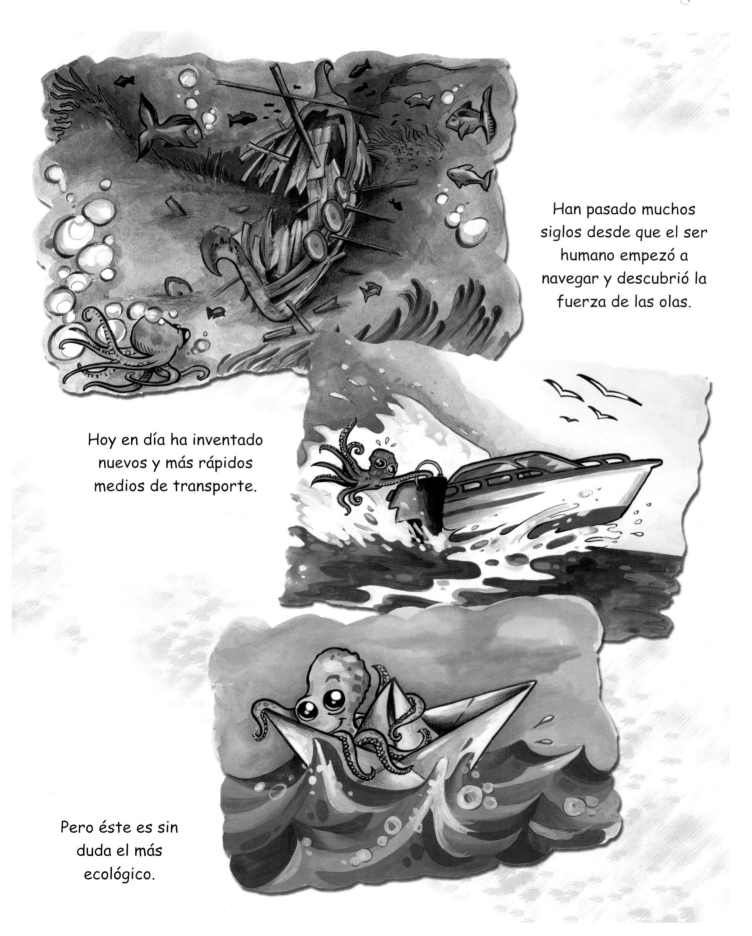

Han pasado muchos siglos desde que el ser humano empezó a navegar y descubrió la fuerza de las olas.

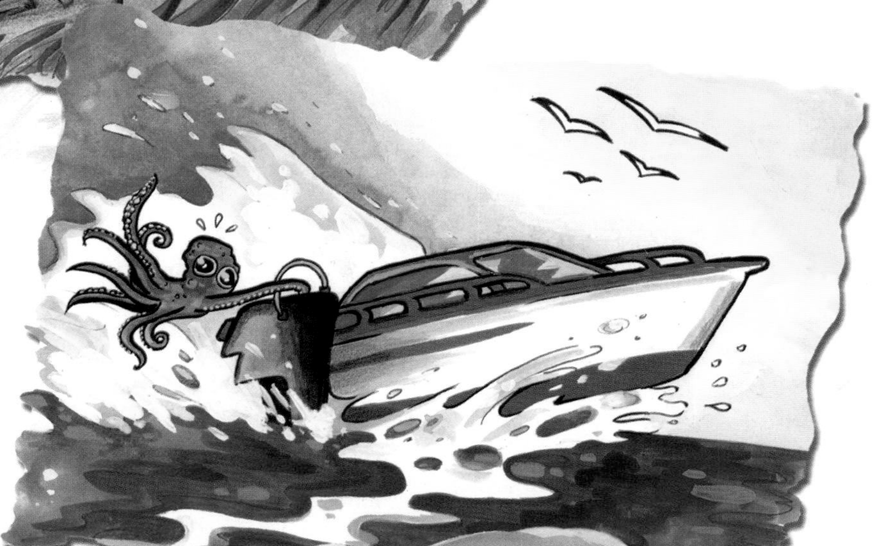

Hoy en día ha inventado nuevos y más rápidos medios de transporte.

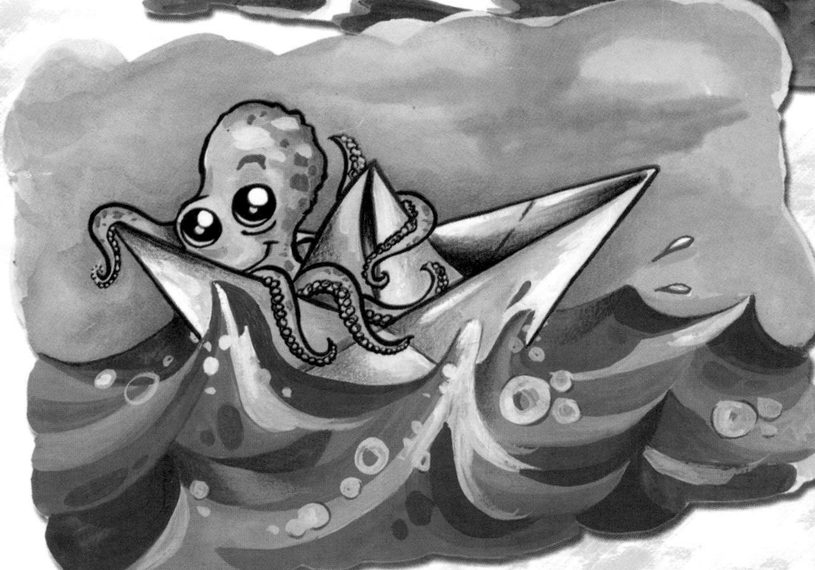

Pero éste es sin duda el más ecológico.

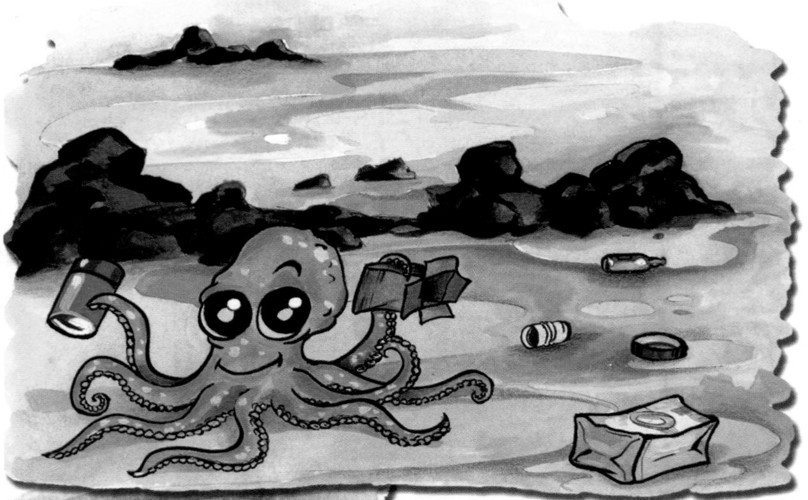

Las mareas vivas son una buena oportunidad para limpiar las playas de plásticos, botes etc.

La protección de la arena es algo muy importante.

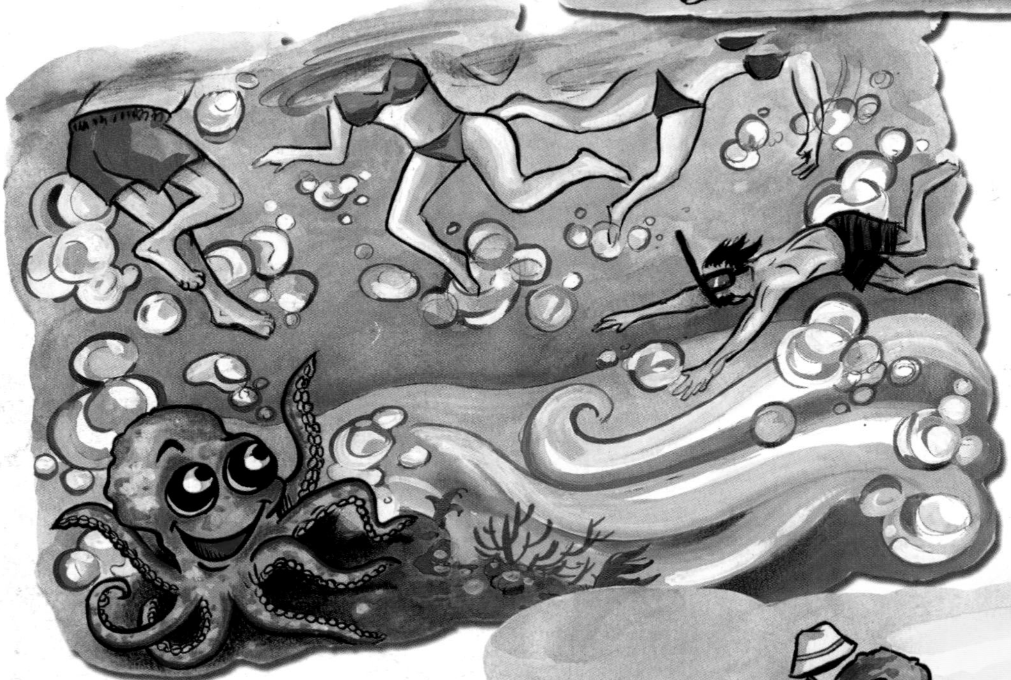

Con el buen tiempo la gente viene a las playas y "mejora el paisaje", je, je....

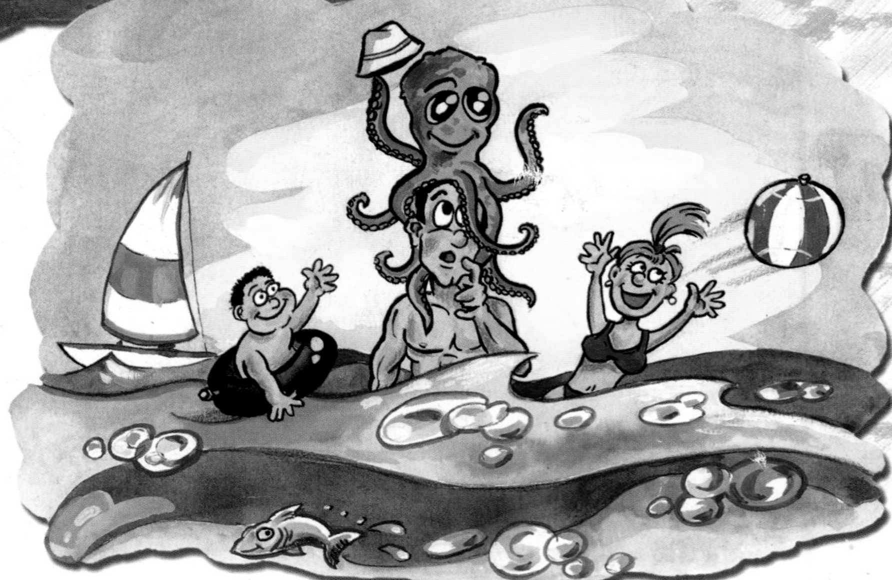

Pero diría que lo mejor de andar por el mar es hacer nuevas amistades.

Porque el agua es la vida y debemos compartirla entre todos.

"¿Cómo sobrevivir día a día sin perder la sonrisa?"

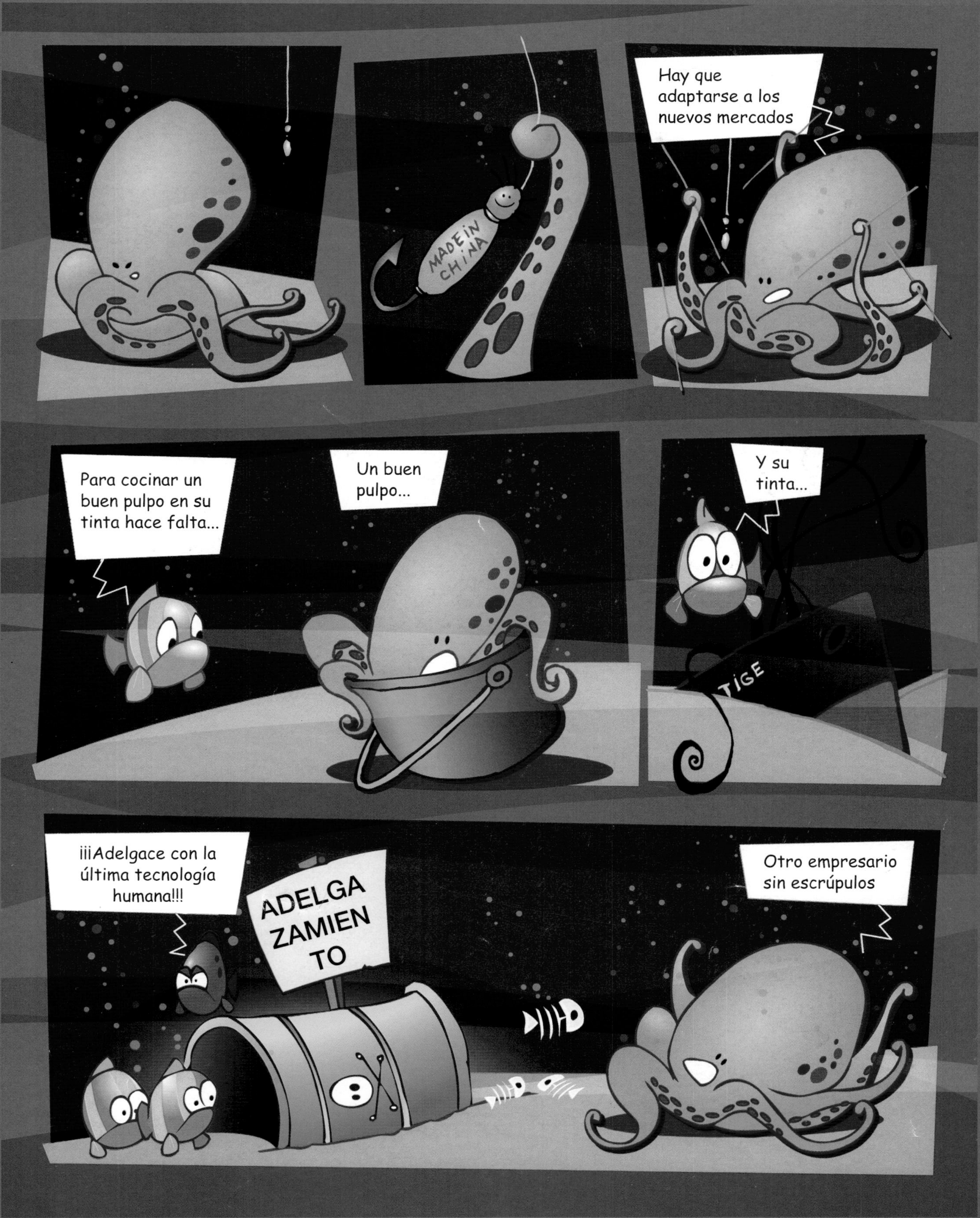

MADE IN CHINA
Hay que adaptarse a los nuevos mercados
Para cocinar un buen pulpo en su tinta hace falta...
Un buen pulpo...
Y su tinta...
TIGE
¡¡¡Adelgace con la última tecnología humana!!!
ADELGA ZAMIEN TO
Otro empresario sin escrúpulos

"¿Cómo sobrevivir día a día sin perder la sonrisa?"

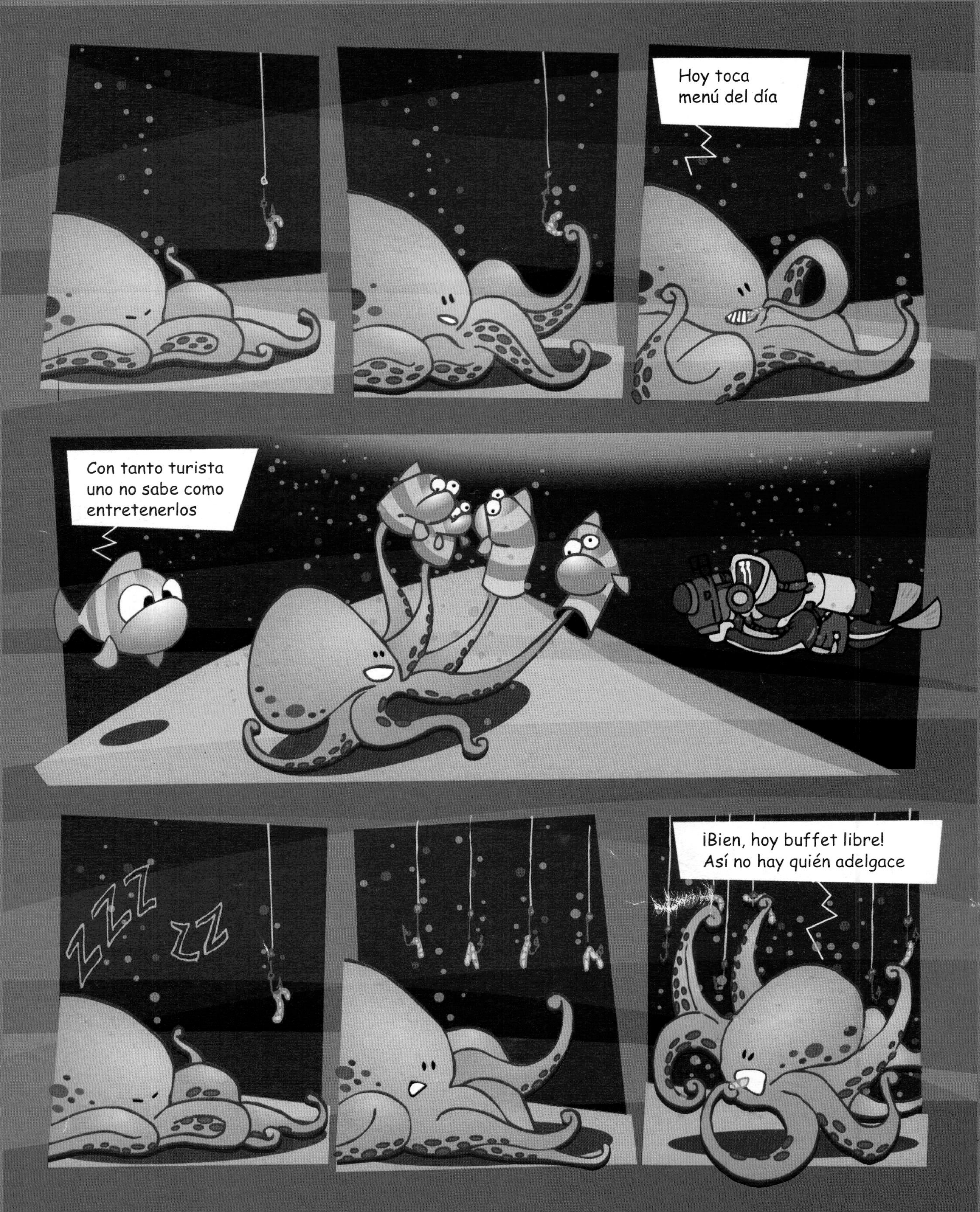
Hoy toca menú del día
Con tanto turista uno no sabe como entretenerlos
¡Bien, hoy buffet libre! Así no hay quién adelgace

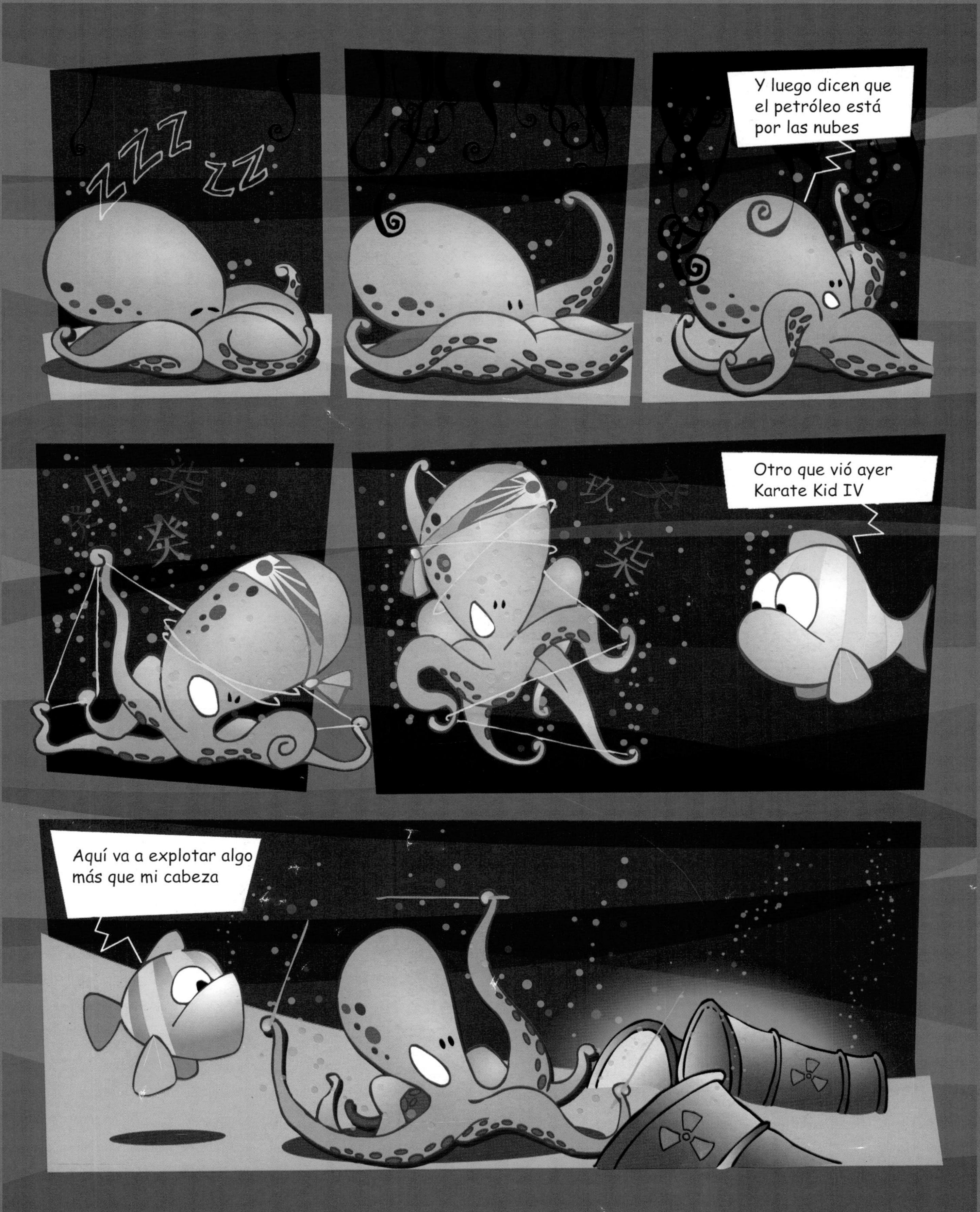
Y luego dicen que el petróleo está por las nubes
Otro que vió ayer Karate Kid IV
Aquí va a explotar algo más que mi cabeza

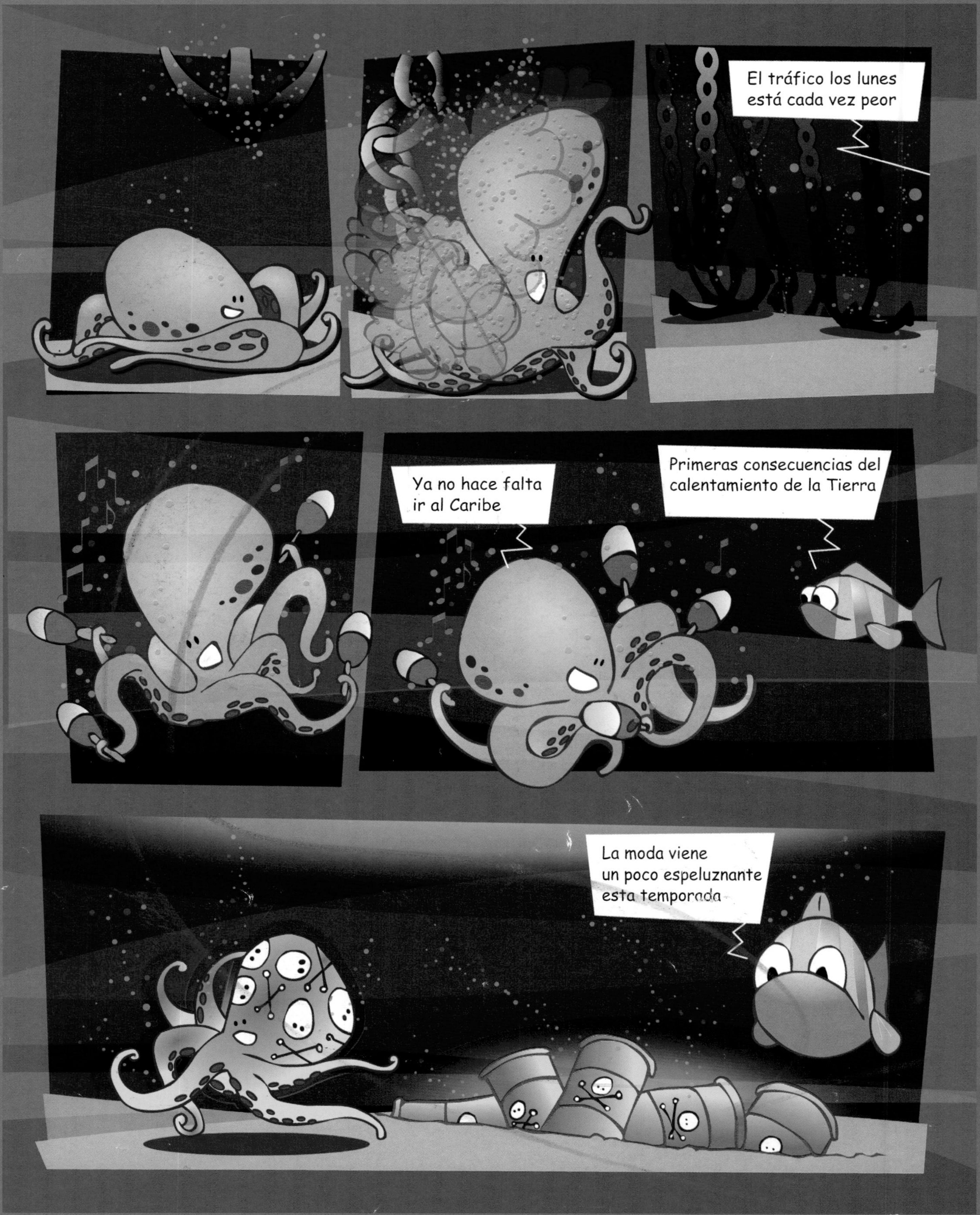
El tráfico los lunes está cada vez peor
Ya no hace falta ir al Caribe
Primeras consecuencias del calentamiento de la Tierra
La moda viene un poco espeluznante esta temporada

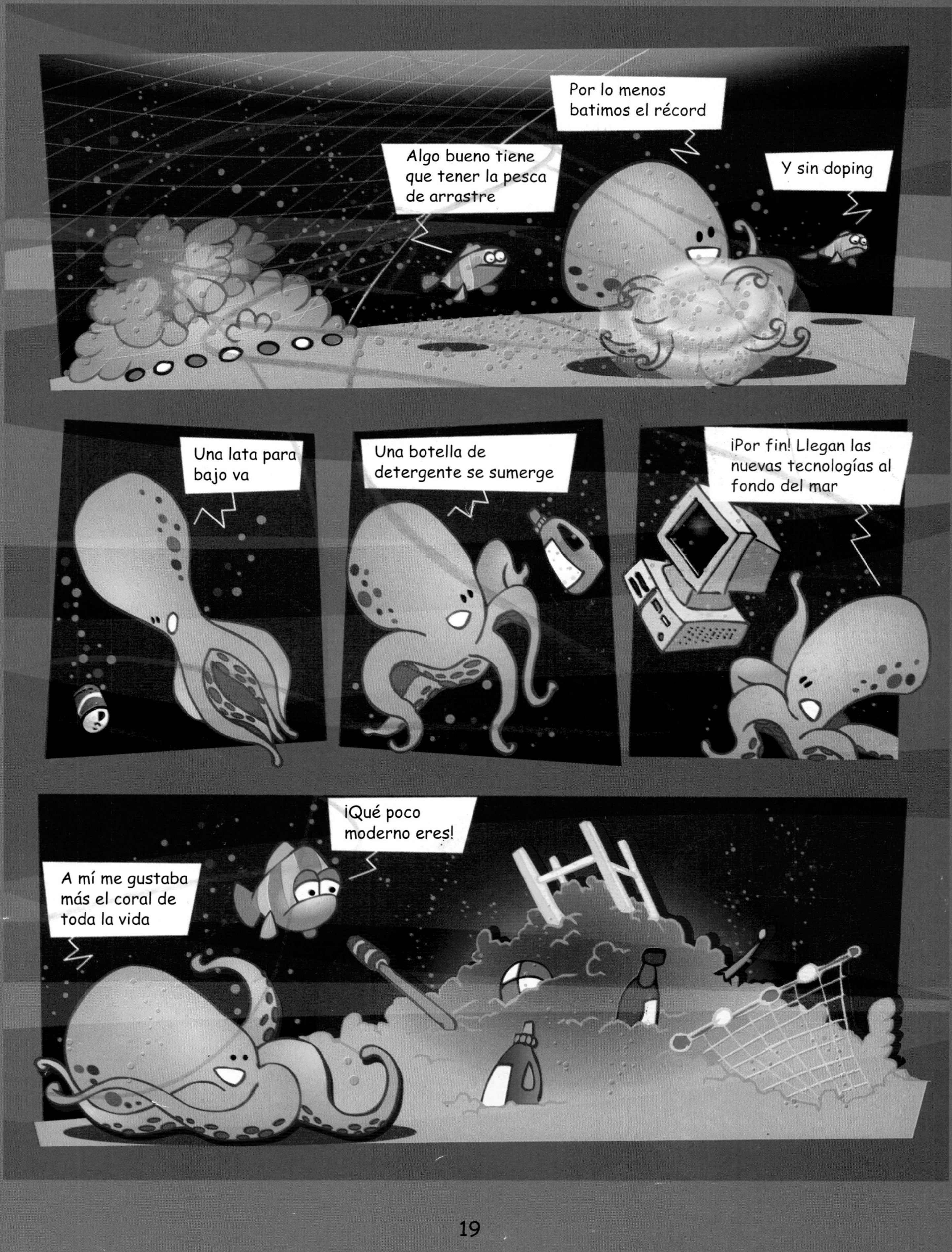
Por lo menos batimos el récord
Algo bueno tiene que tener la pesca de arrastre
Y sin doping
Una lata para bajo va
Una botella de detergente se sumerge
¡Por fin! Llegan las nuevas tecnologías al fondo del mar
¡Qué poco moderno eres!
A mí me gustaba más el coral de toda la vida

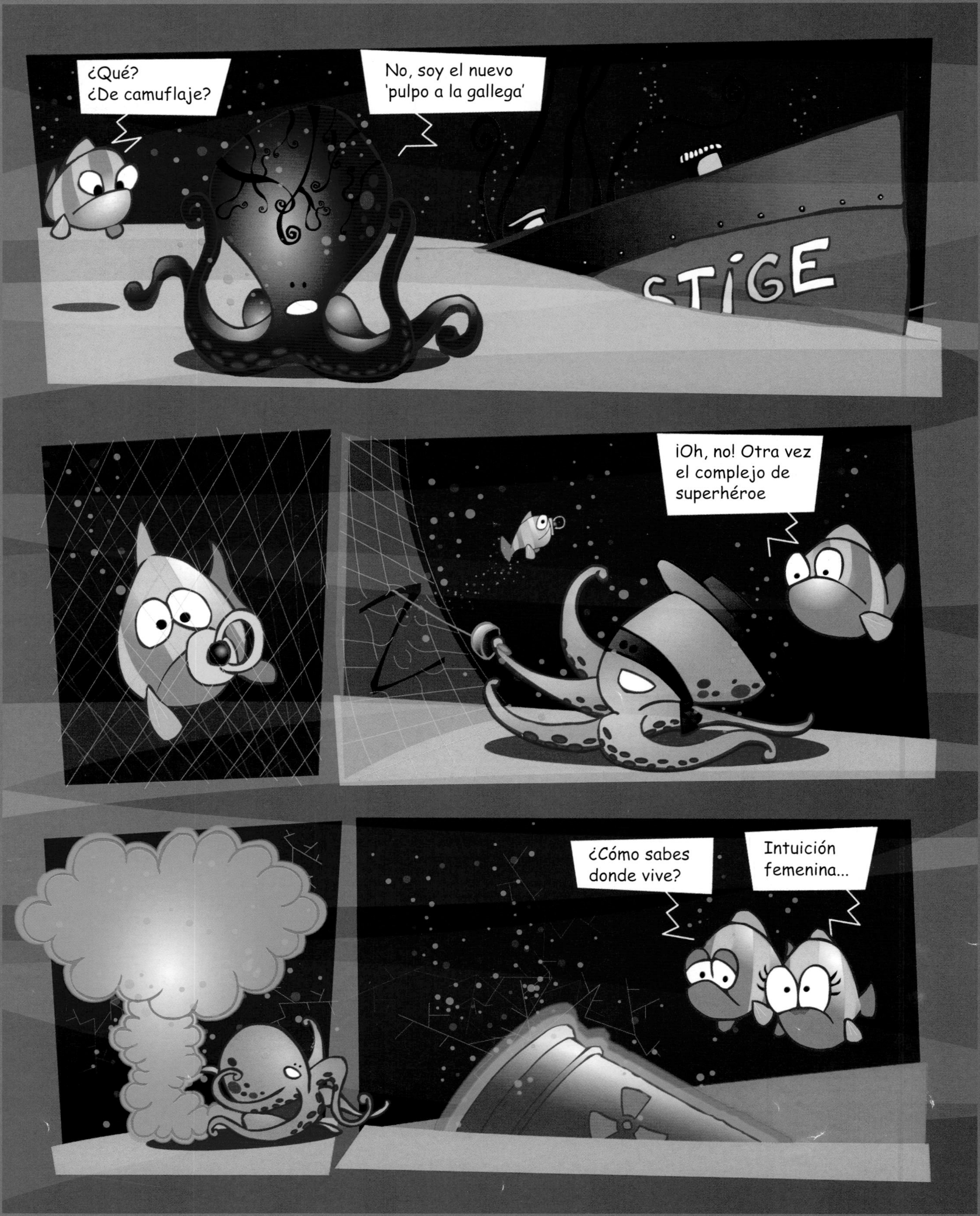
¿Qué?
¿De camuflaje?
No, soy el nuevo
'pulpo a la gallega'
STIGE
¡Oh, no! Otra vez
el complejo de
superhéroe
¿Cómo sabes
donde vive?
Intuición
femenina...

“ Pulpo a la chirel”

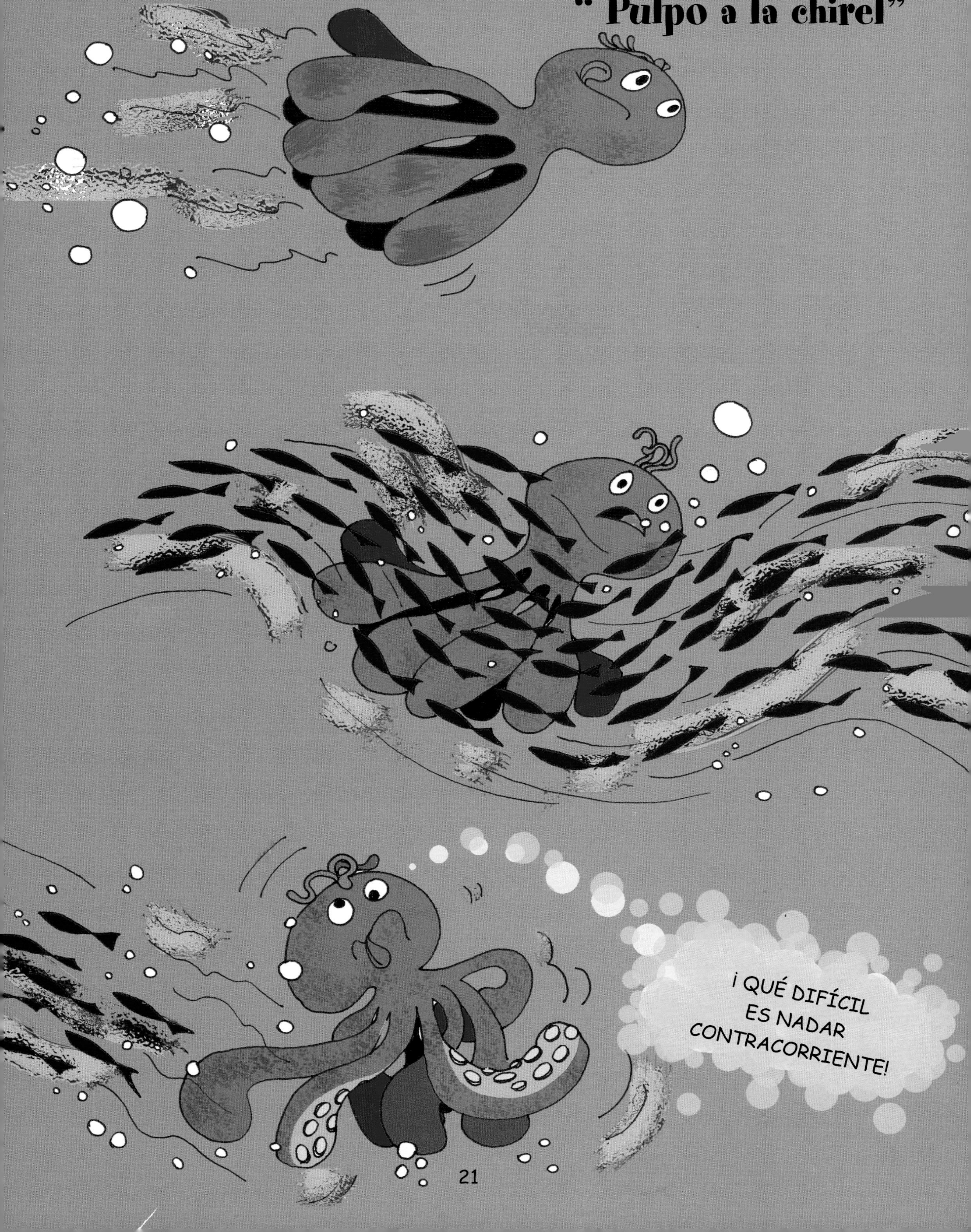
¡ QUÉ DIFÍCIL ES NADAR CONTRACORRIENTE!

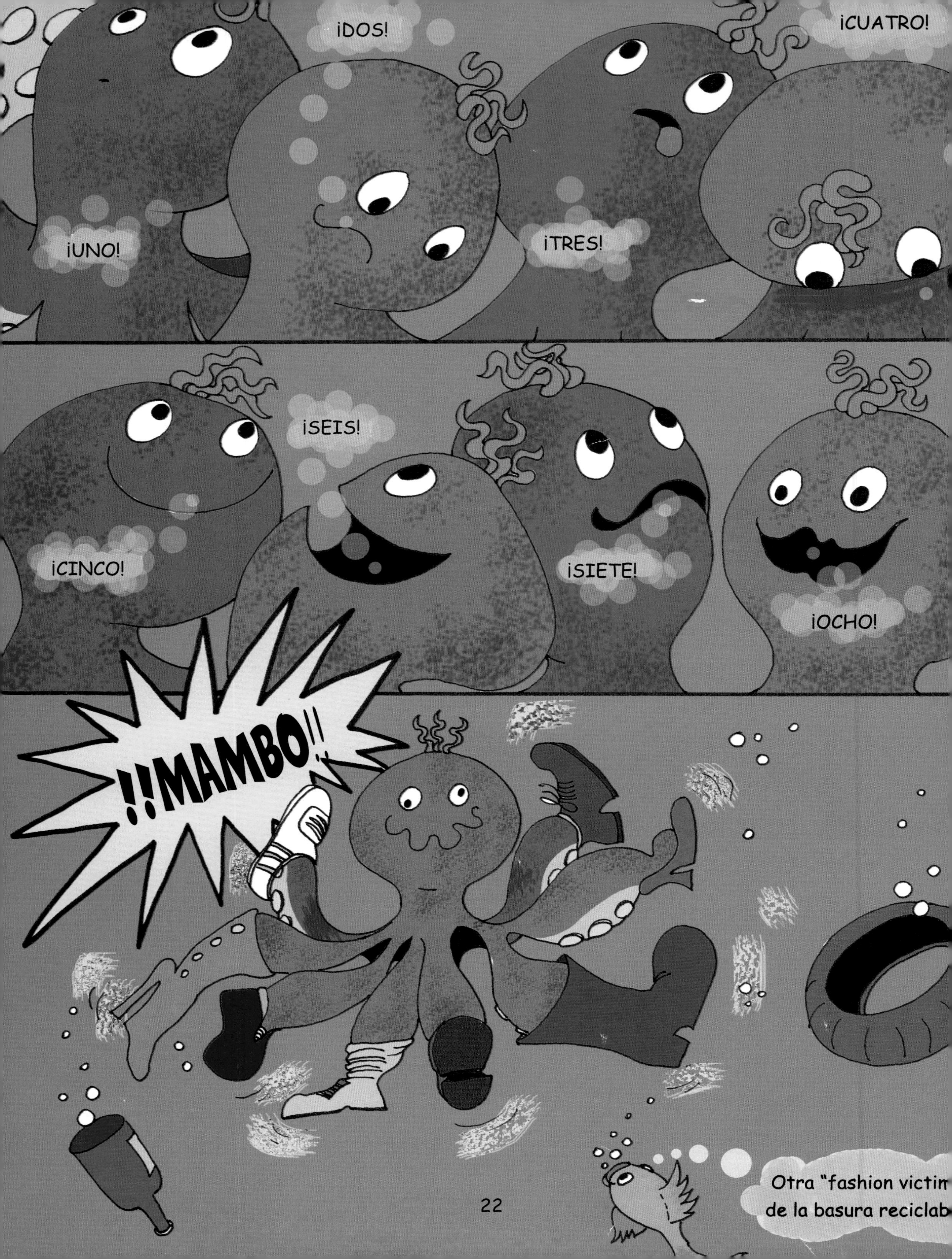
¡UNO!
¡DOS!
¡TRES!
¡CUATRO!
¡CINCO!
¡SEIS!
¡SIETE!
¡OCHO!
¡¡MAMBO!!
Otra “fashion victim
de la basura reciclab

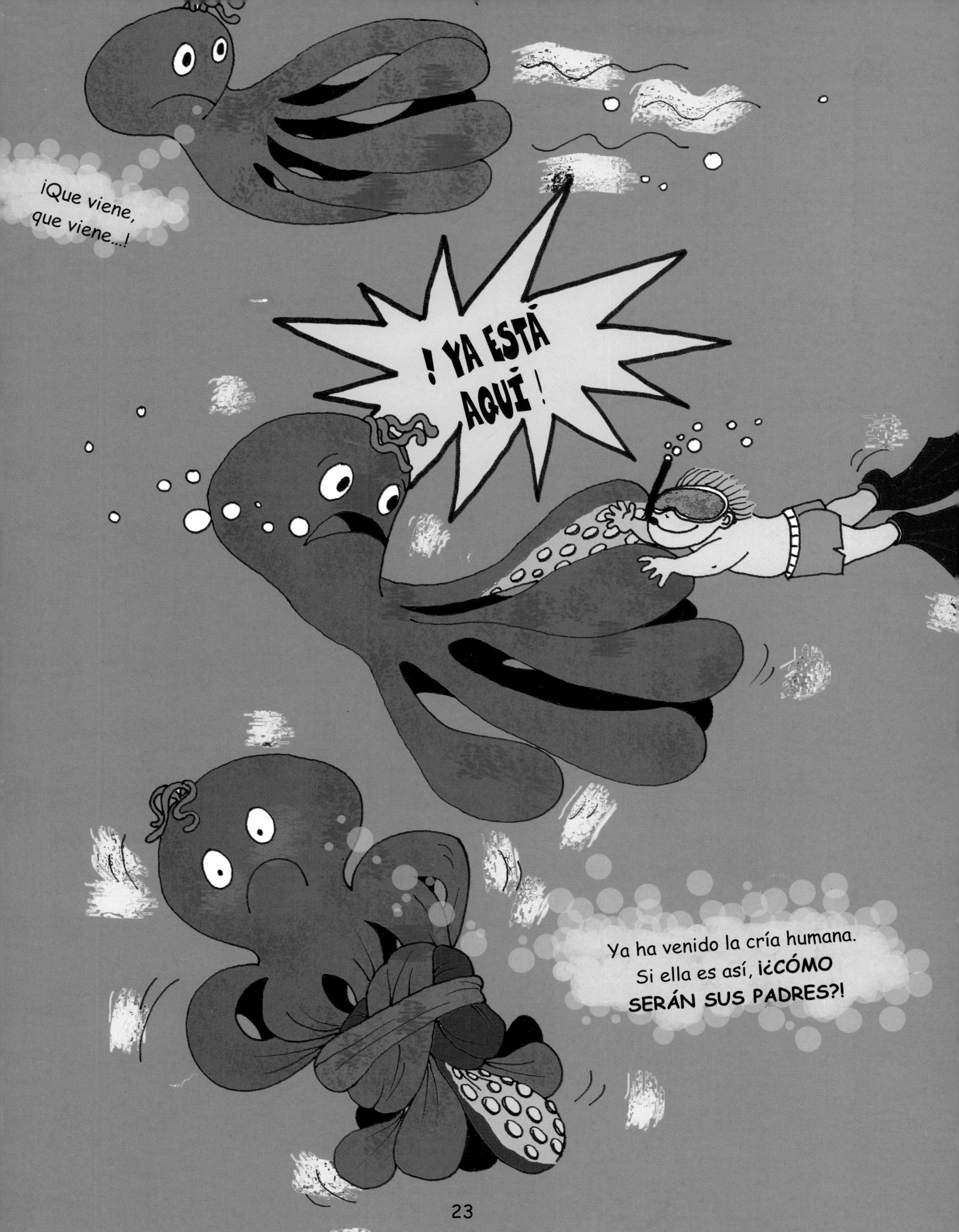
¡Que viene,
que viene...!
! YA ESTÁ
AQUÍ !
Ya ha venido la cría humana.
Si ella es así, **¡¿CÓMO
SERÁN SUS PADRES?!**

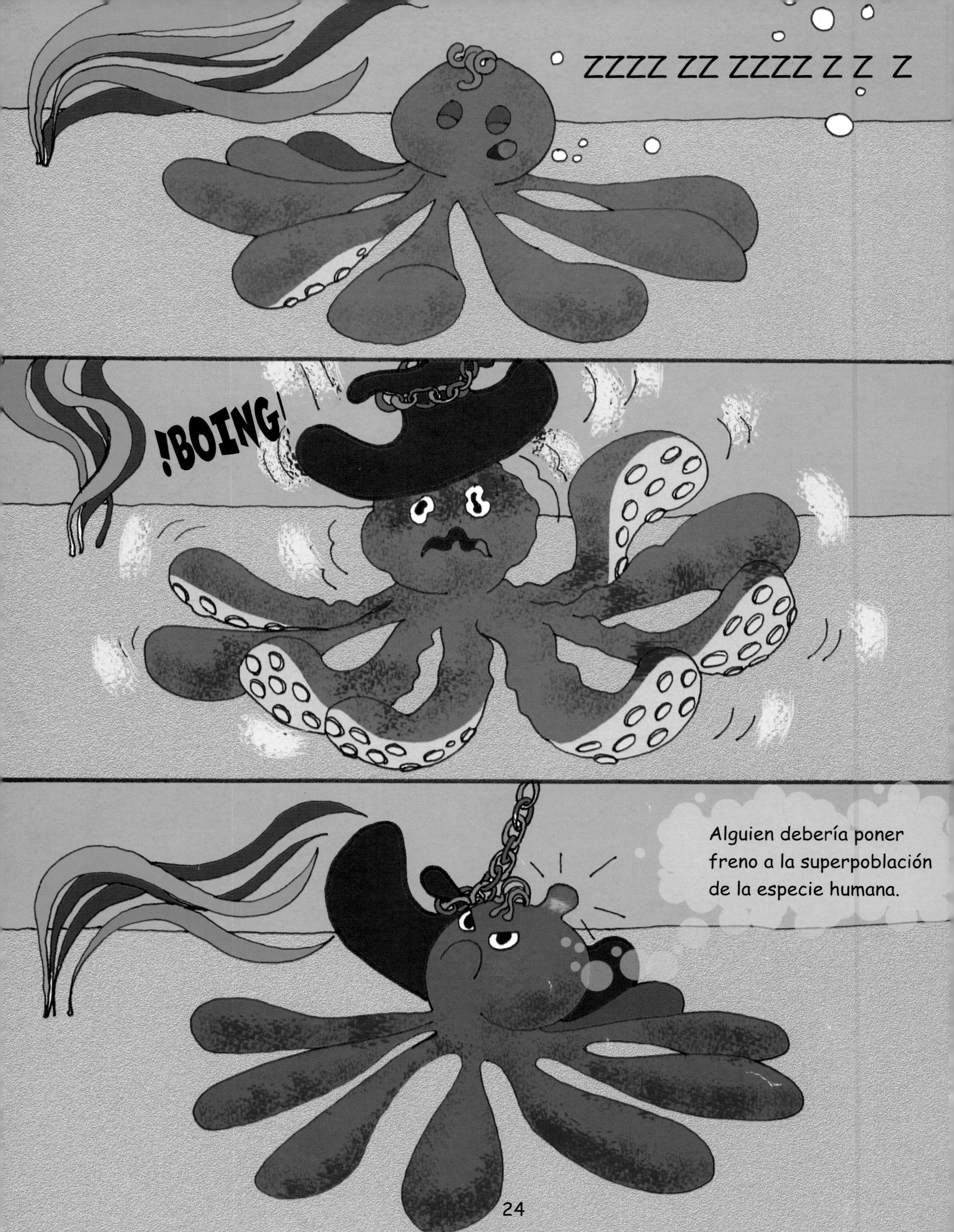
ZZZZ ZZ ZZZZ Z Z Z
!BOING!
Alguien debería poner freno a la superpoblación de la especie humana.

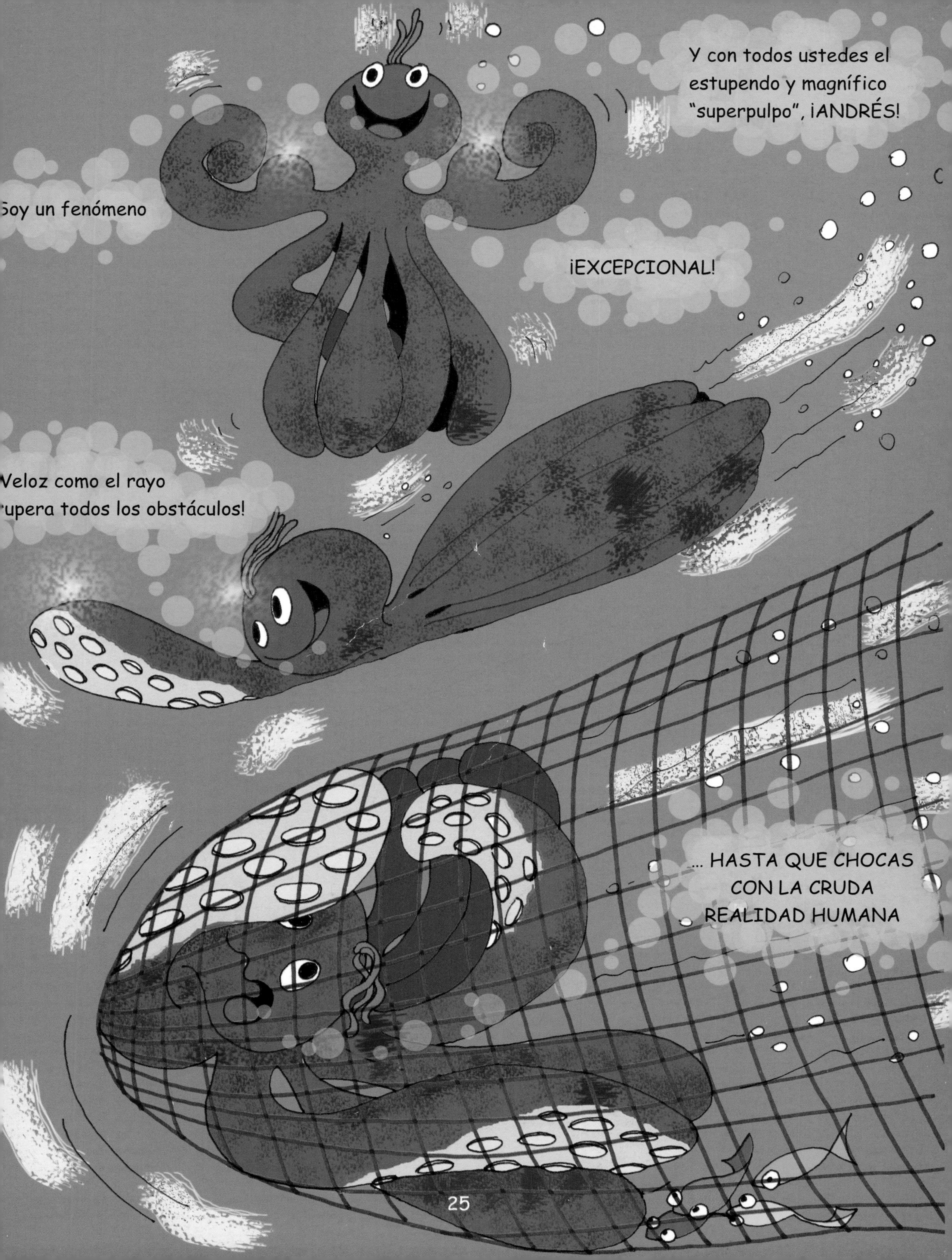
Y con todos ustedes el
estupendo y magnífico
"superpulpo", ¡ANDRÉS!
Soy un fenómeno
¡EXCEPCIONAL!
Veloz como el rayo
upera todos los obstáculos!
... HASTA QUE CHOCAS
CON LA CRUDA
REALIDAD HUMANA

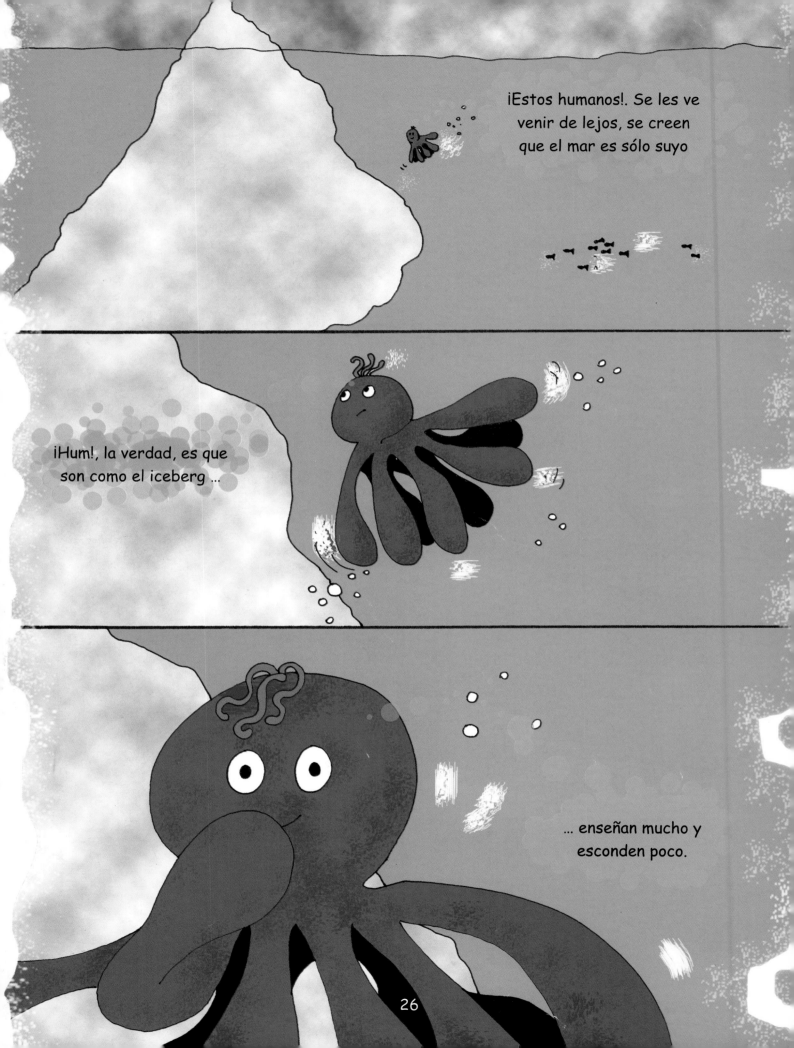

¡Estos humanos!. Se les ve venir de lejos, se creen que el mar es sólo suyo

¡Hum!, la verdad, es que son como el iceberg ...

... enseñan mucho y esconden poco.

"Andrés y Pier"

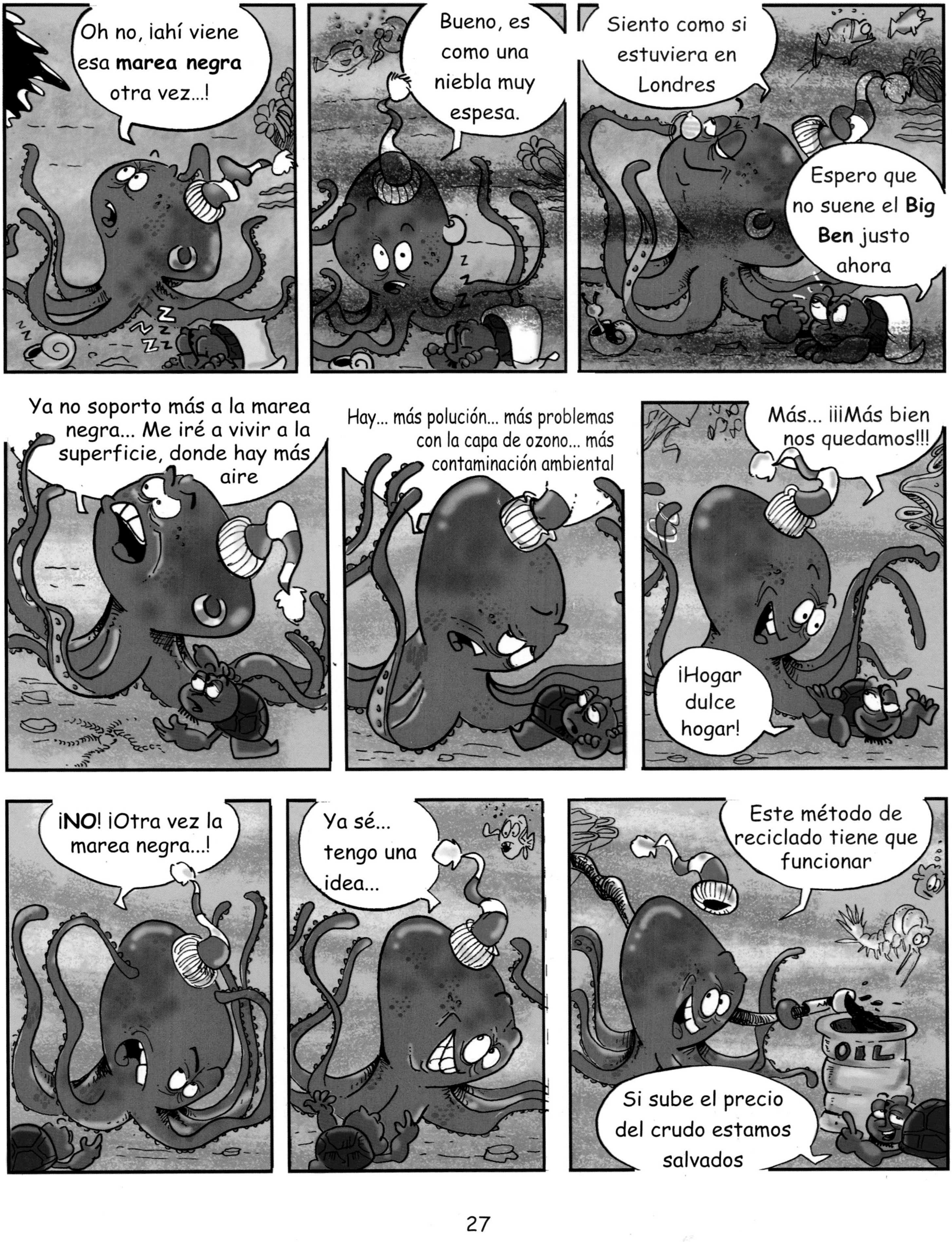

Oh no, ¡ahí viene esa **marea negra** otra vez...!
Bueno, es como una niebla muy espesa.
Siento como si estuviera en Londres
Espero que no suene el **Big Ben** justo ahora
Ya no soporto más a la marea negra... Me iré a vivir a la superficie, donde hay más aire
Hay... más polución... más problemas con la capa de ozono... más contaminación ambiental
Más... ¡¡¡Más bien nos quedamos!!!
¡Hogar dulce hogar!
¡**NO**! ¡Otra vez la marea negra...!
Ya sé... tengo una idea...
Este método de reciclado tiene que funcionar
OIL
Si sube el precio del crudo estamos salvados

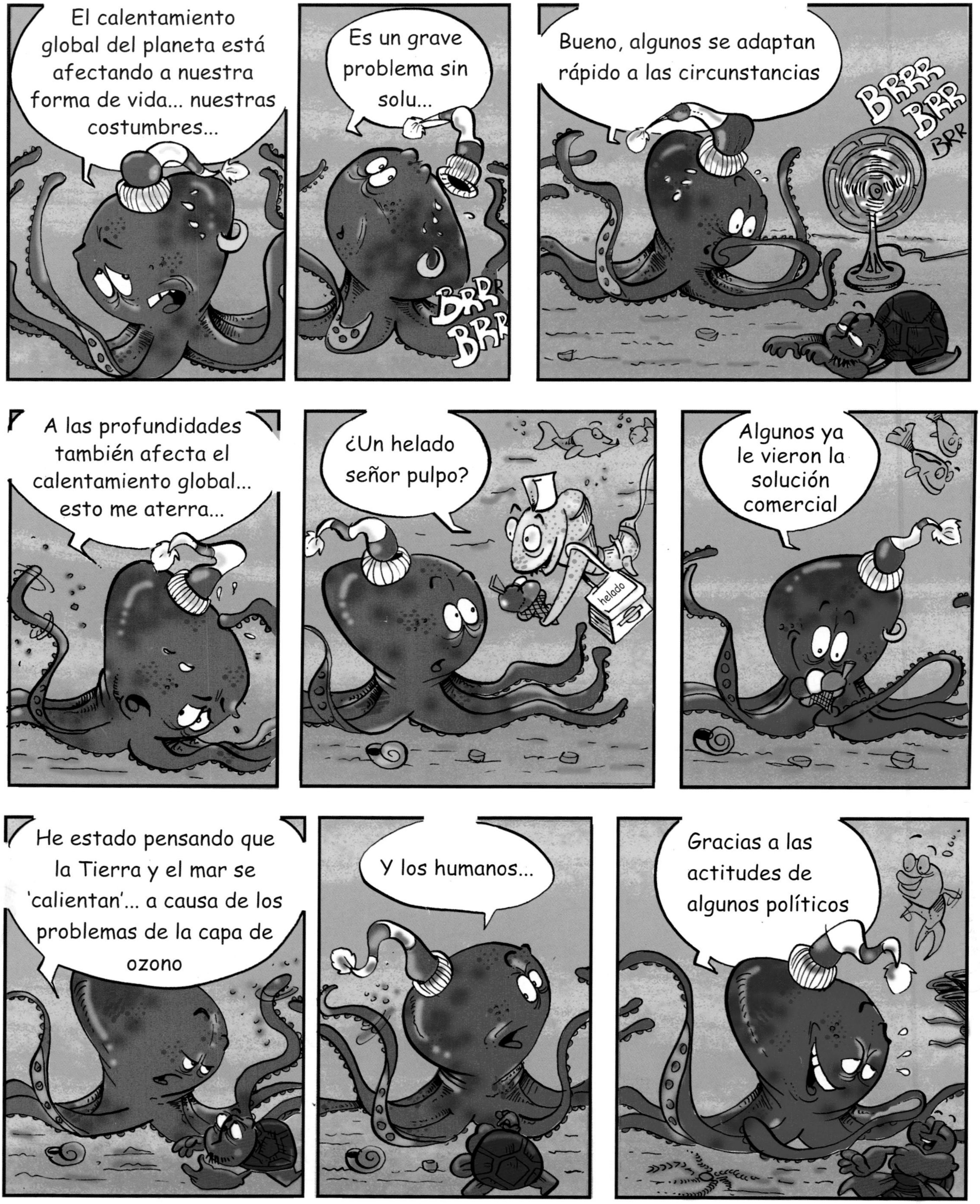
El calentamiento global del planeta está afectando a nuestra forma de vida... nuestras costumbres...
Es un grave problema sin solu...
BRR BRR
Bueno, algunos se adaptan rápido a las circunstancias
BRRR BRR BRR
A las profundidades también afecta el calentamiento global... esto me aterra...
¿Un helado señor pulpo?
helado
Algunos ya le vieron la solución comercial
He estado pensando que la Tierra y el mar se 'calientan'... a causa de los problemas de la capa de ozono
Y los humanos...
Gracias a las actitudes de algunos políticos

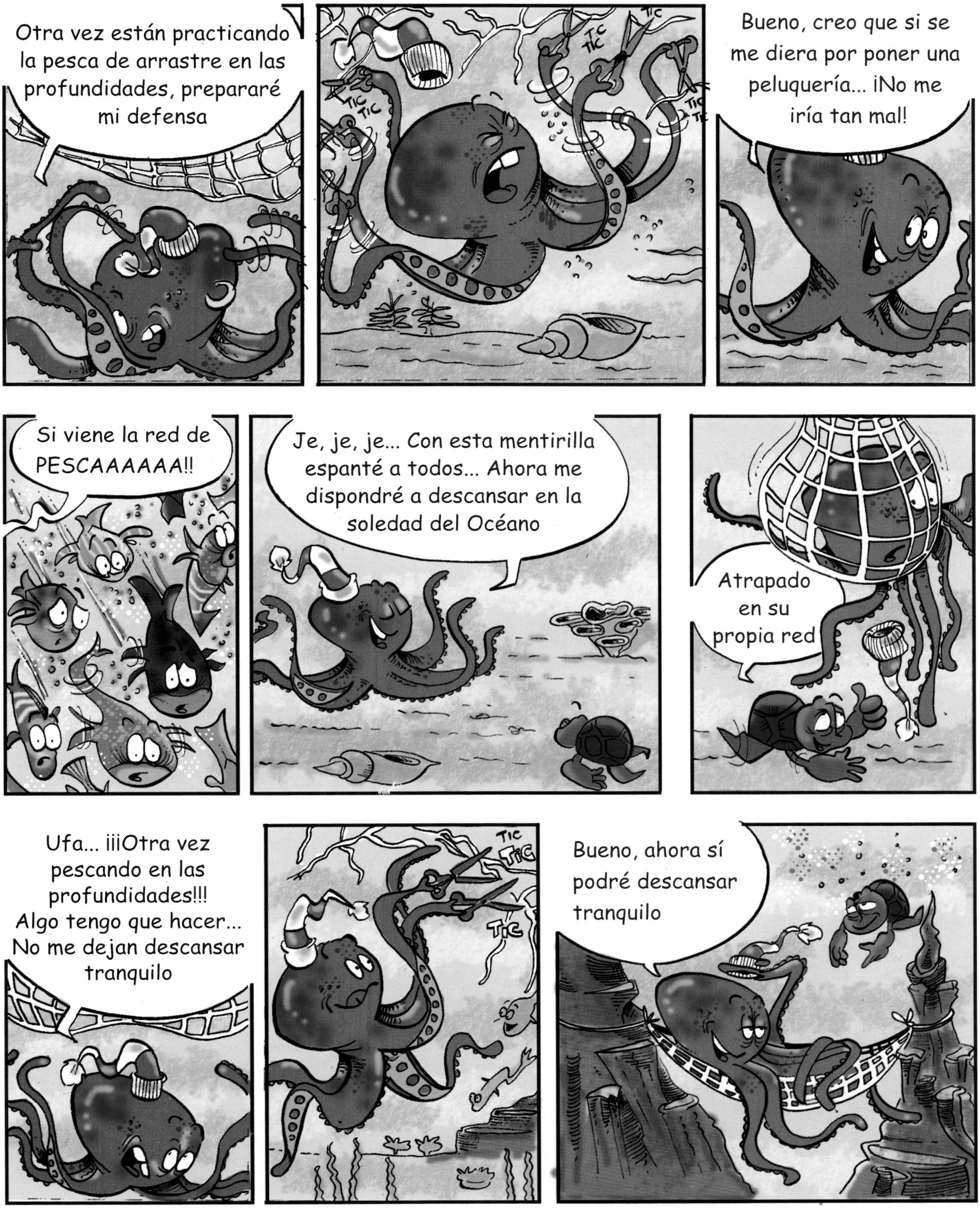

Otra vez están practicando la pesca de arrastre en las profundidades, prepararé mi defensa
TIC TIC
TIC TIC
Bueno, creo que si se me diera por poner una peluquería... ¡No me iría tan mal!
Si viene la red de PESCAAAAAA!!
Je, je, je... Con esta mentirilla espanté a todos... Ahora me dispondré a descansar en la soledad del Océano
Atrapado en su propia red
Ufa... ¡¡¡Otra vez pescando en las profundidades!!! Algo tengo que hacer... No me dejan descansar tranquilo
TIC TIC
TIC
Bueno, ahora sí podré descansar tranquilo

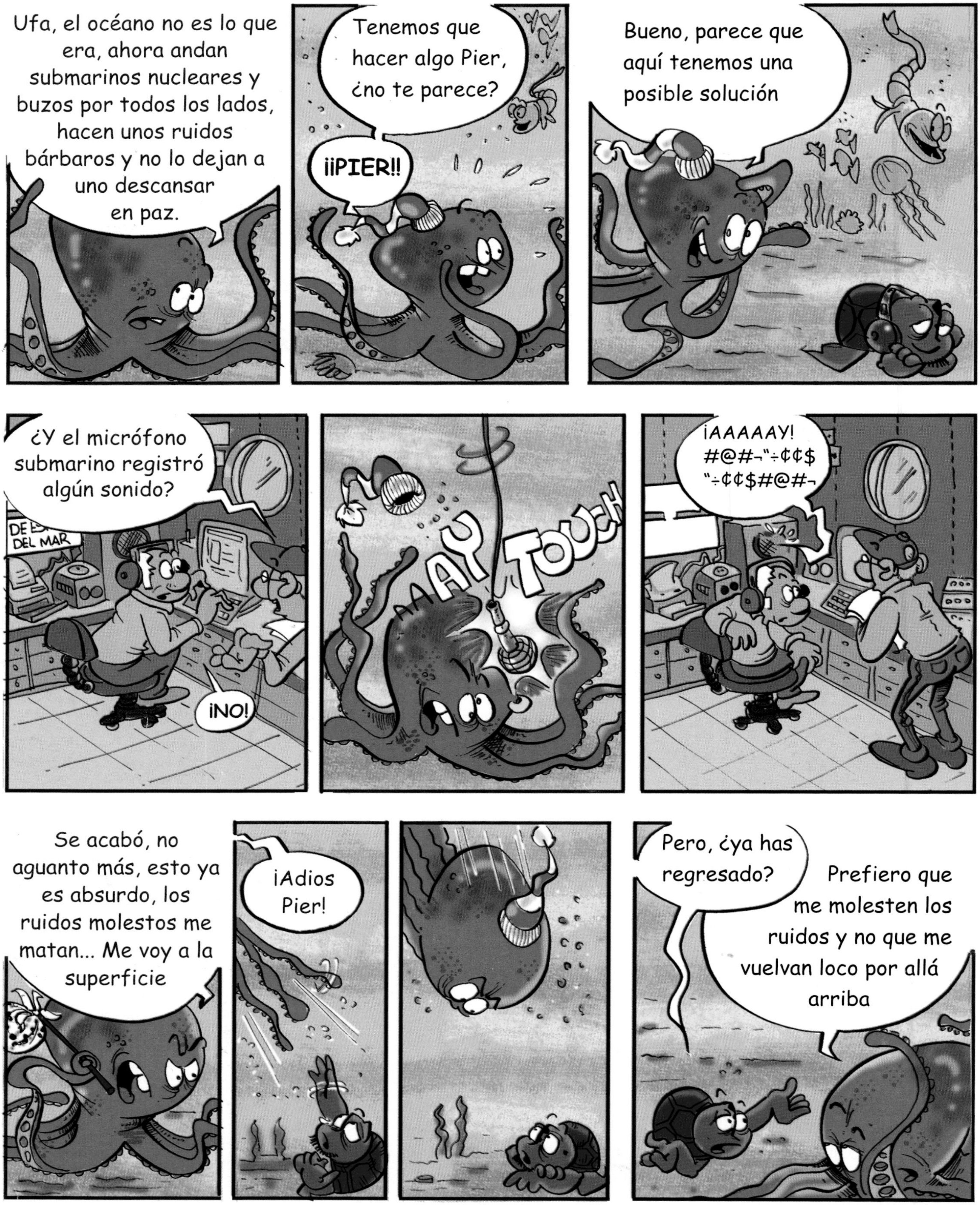
Ufa, el océano no es lo que era, ahora andan submarinos nucleares y buzos por todos los lados, hacen unos ruidos bárbaros y no lo dejan a uno descansar en paz.
Tenemos que hacer algo Pier, ¿no te parece?
¡¡PIER!!
Bueno, parece que aquí tenemos una posible solución
¿Y el micrófono submarino registró algún sonido?
DEL MAR
¡NO!
AAAY
TOUCH
¡AAAAAY! #@#¬"÷¢¢$ "÷¢¢$#@#¬
Se acabó, no aguanto más, esto ya es absurdo, los ruidos molestos me matan... Me voy a la superficie
¡Adios Pier!
Pero, ¿ya has regresado?
Prefiero que me molesten los ruidos y no que me vuelvan loco por allá arriba

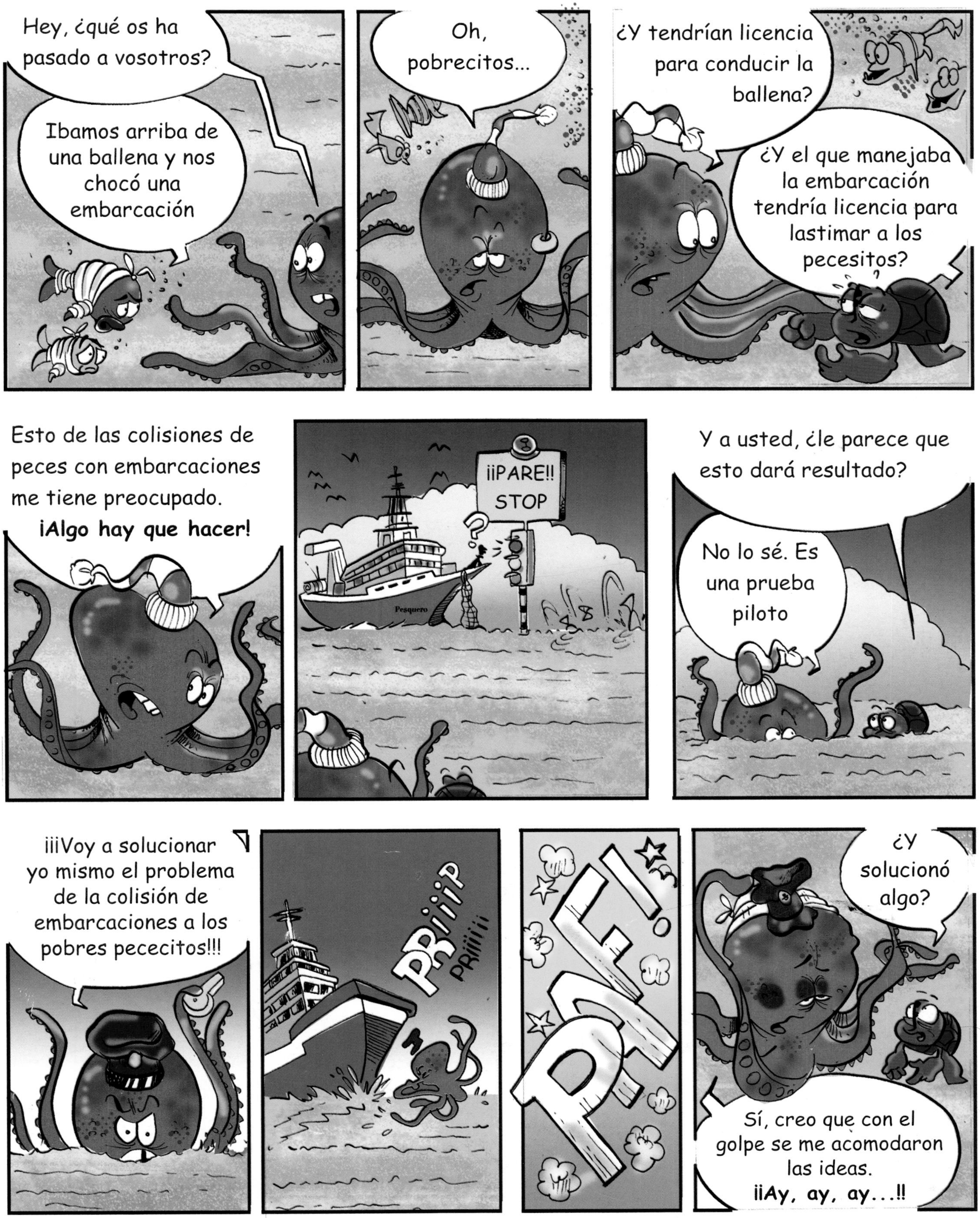
Hey, ¿qué os ha pasado a vosotros?
Ibamos arriba de una ballena y nos chocó una embarcación
Oh, pobrecitos...
¿Y tendrían licencia para conducir la ballena?
¿Y el que manejaba la embarcación tendría licencia para lastimar a los pecesitos?
Esto de las colisiones de peces con embarcaciones me tiene preocupado.
¡Algo hay que hacer!
¡¡PARE!!
STOP
Pesquero
Y a usted, ¿le parece que esto dará resultado?
No lo sé. Es una prueba piloto
¡¡¡Voy a solucionar yo mismo el problema de la colisión de embarcaciones a los pobres pececitos!!!
PRiiiiP
PRiiiiii
PAF!
¿Y solucionó algo?
Sí, creo que con el golpe se me acomodaron las ideas.
¡¡Ay, ay, ay...!!

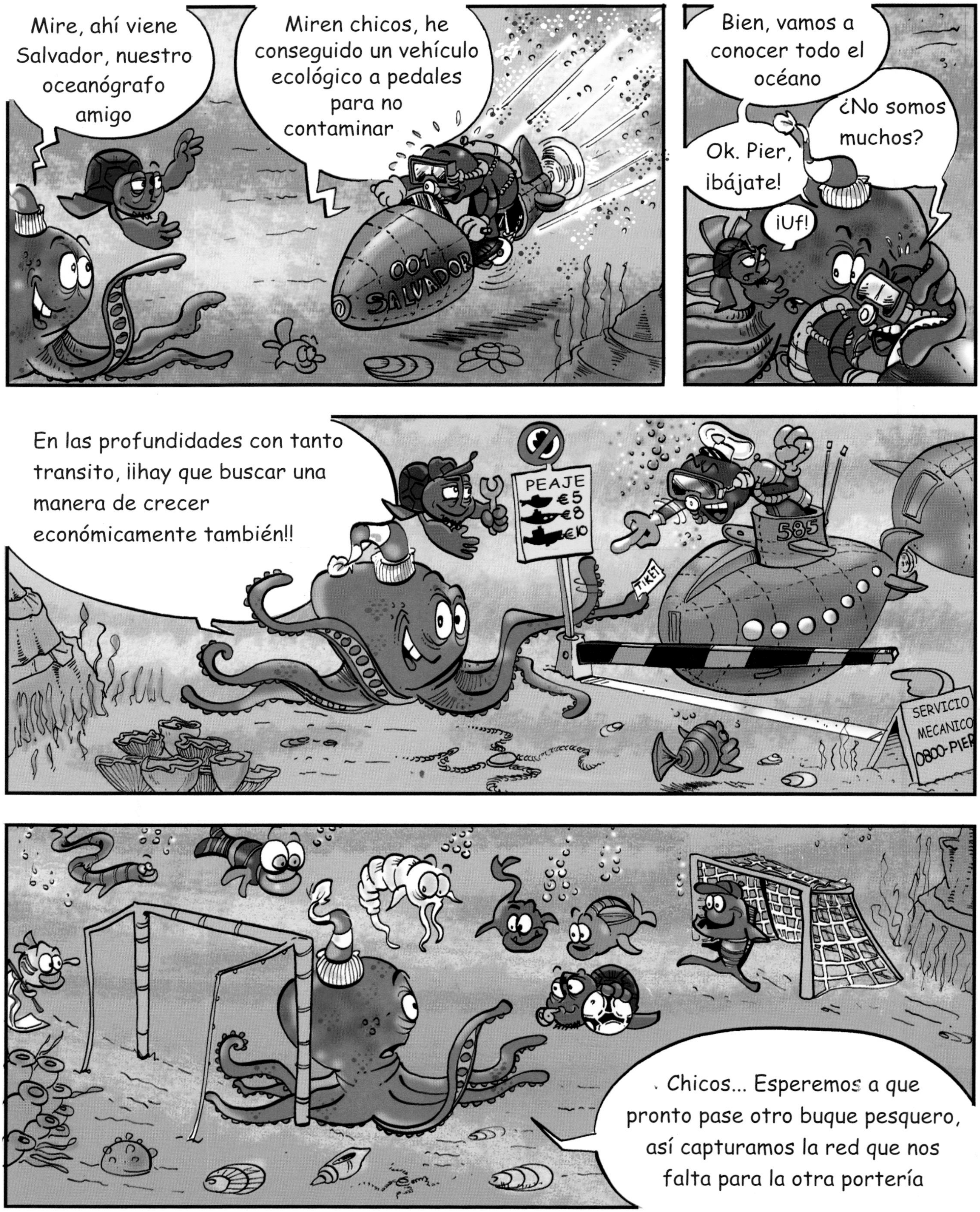

Mire, ahí viene Salvador, nuestro oceanógrafo amigo
Miren chicos, he conseguido un vehículo ecológico a pedales para no contaminar
001 SALVADOR
Bien, vamos a conocer todo el océano
¿No somos muchos?
Ok. Pier, ibájate!
¡Uf!
En las profundidades con tanto transito, iihay que buscar una manera de crecer económicamente también!!
PEAJE
€5
€8
€10
TIKET
585
SERVICIO MECANICO 0800-PIER
Chicos... Esperemos a que pronto pase otro buque pesquero, así capturamos la red que nos falta para la otra portería

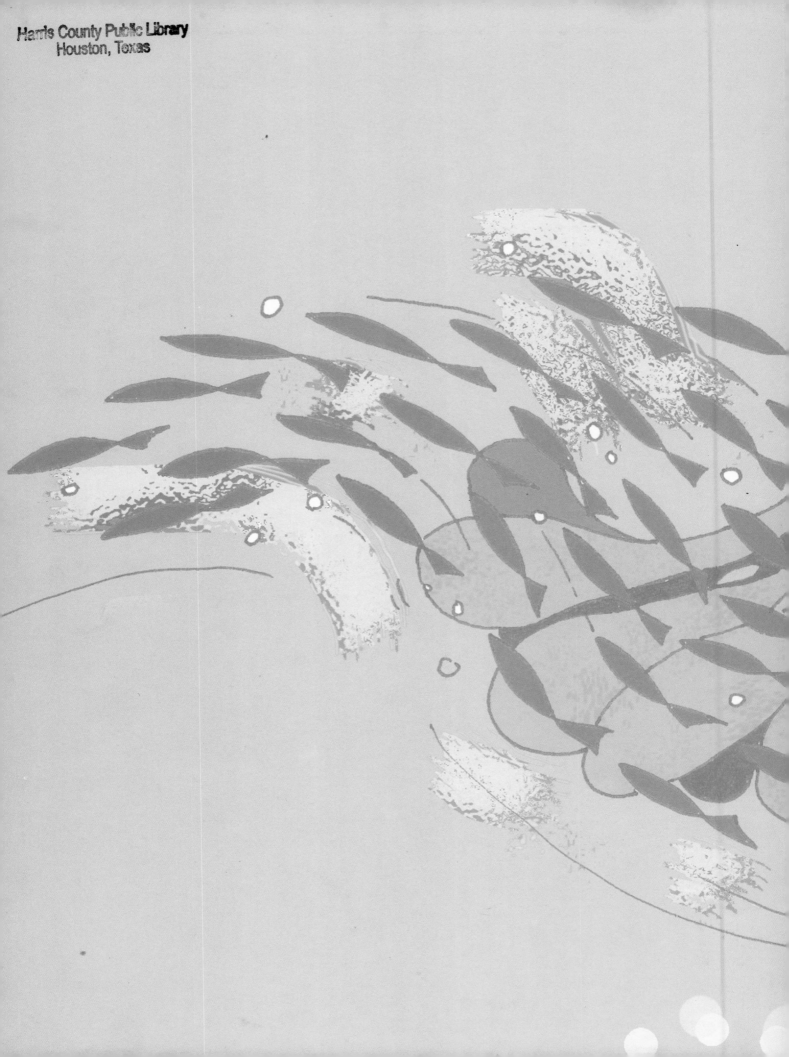